AF524060

Aufgewachsen in DUISBURG in den 60er und 70er Jahren

IMPRESSUM

Bildnachweis:

Titelbild U1, Mädchen-Motiv: Archiv Claudia Brandau; Titelbild U1, Jungen-Motiv: Presse-Bild Poss, Dipl. Ing. Oscar Poss; Titelbild U1, Stadtmotiv: ullstein bild – Fritz Eschen; Familienarchiv Ebels: S. 4 – 8, 9 u., 10, 12 – 15, 20, 22 r., 24, 25 o., 26, 27, 33, 34, 37 – 40, 42, 47, 49, 56 u.l. und u.r., 58, 59 r., 61, 63; Familienarchiv Prudöhl: S. 11 o., 18, 54, 57, 60; Familienarchiv Pischke: S. 11 u., 28 r., 31 u., 35, 36, 56 o.; Archiv Van Goudwyck: S. 21, 27 o.; Archiv Roskothen: S. 22 l., 23, 30; Tram Club 177 e.V.: S. 25 u.; Duisburger Karnevalsmuseum: S. 29; Archiv Zoo Duisburg: S. 43; MSV Pressestelle: S. 44, 45; Konzernarchiv Thyssen-Krupp: S. 46 u.; Archiv Paulerberg: S. 50, 51, 52; Duisburgweb.de: S. 59 l.; Internet/unbekannt: S. 19, 46; ullstein bild – Imagno: S. 3 l., 31 o., 41; ullstein bild – Klaus Rose: S. 3 r.; ullstein bild – Röhnert: S. 9 o.; ullstein bild – Hellgoth: S. 28 l.; ullstein bild: S. 32; ullstein bild – KPA: S. 53;

Wir danken allen Lizenzträgern für die freundliche Abdruckgenehmigung. In Fällen, in denen es nicht gelang, Rechtsinhaber an Abbildungen zu ermitteln, bleiben Honoraransprüche gewahrt.

3. Auflage 2017

Gestaltung: Ravenstein + Partner, Verden
Satz: Sislak Design Werbeagentur, Bad Soden-Salmünster
Druck: Druck- und Verlagshaus Thiele & Schwarz GmbH, Kassel
Buchbinderische Verarbeitung: Buchbinderei S. R. Büge, Celle

34281 Gudensberg-Gleichen · Im Wiesental 1
Telefon: 05603/93050 · www.wartberg-verlag.de

ISBN: 978-3-8313-1830-8

Erinnerungen

Wie oft hat man als Kind vom Opa gehört, wie herrlich doch seine Kinder- und Jugendzeit war. Auch von den Eltern hörte man oft „Geschichten von früher“. Heute erzählt man seinen eigenen Kindern solche Geschichten, Geschichten, die sie manchmal in Erstaunen versetzen.

Wenn man dem eigenen Nachwuchs Fotos zeigt, auf denen sein Papa als Junge mit einer kurzen Lederhose zu sehen ist, kommt spontan die Frage: „Ein Urlaubsmitbringsel aus Bayern?“ Dann erklärt man ihnen, dass damals fast jeder Junge ein solches Kleidungsstück besaß. So eine Lederhose war stabil und man trug sie mehrere Jahre.

Spätestens wenn die eigenen Kinder die Bilder aus der Jugendzeit ihrer Eltern in den Händen halten, kommt der Kommentar: „Mein Gott, wie habt ihr denn früher ausgesehen?“ Die Mama mit einem superkurzen Minirock und der Papa mit Haaren, die sogar über seine Schultern reichten. Die Kinder belächeln unser damaliges Outfit. Beim Anblick dieser Fotos muss ich selbst lächeln, doch es ist ein Lächeln, hinter dem sich eine gewisse Melancholie verbirgt.

Da kommen Erinnerungen hoch, an die man gerne zurückdenkt. Man geht in seinen Gedanken in die Vergangenheit und sieht sich noch einmal als Kind. Man sieht die Straßen und Höfe, auf denen man damals gespielt hat. Sogar die Hausruinen, die noch an den Krieg erinnerten und Anfang der Sechziger in Duisburg noch häufig zu finden waren, erscheinen vor dem geistigen Auge. Was hatten wir doch für eine schöne und unbeschwerte Kindheit. Und denkt man an seine Jugendzeit zurück, dann kommt man ins Schwärmen. Welch herrliche Zeit! Wir fühlten uns frei und glaubten, dass uns die Welt gehörte. Man denkt an die Momente in der Tanzschule, an die Discobesuche und an die Zeit, in der wir mit den Mopeds Duisburgs Straßen unsicher gemacht haben. Und schließlich erinnert man sich auch an den ersten Kuss, die erste Liebe. Man sieht die Plätze in Duisburg vor sich, an denen sich damals die Jugend traf.

Dieses Buch ist eine Reise zurück und wird beim Leser so manche Erinnerung wieder zum Leben erwecken.

Dieter Ebels

Zwischen Autos und Siedlungshäuschen.

Das Duisburger Babyleben

Wir wurden in eine Zeit hineingeboren, in der sich alles änderte, selbst die Art, wie man geboren wurde. War es noch in den Fünfzigerjahren üblich, die Hebamme zu rufen, die dann zur Hausgeburt kam, so kamen die meisten Babys in den Sechzigern schon in den Krankenhäusern zur Welt. Hygiene wurde dabei großgeschrieben. Unsere Mütter bekamen ihre Babys nur zum Stillen auf das Zimmer. Während der Stillzeit war absolutes Besuchsverbot. Wenn unsere Väter ihren Nachwuchs sehen wollten, dann durften sie uns Sprösslinge nur durch eine große Glasscheibe begutachten.

Als Baby hatte man es leicht, denn man hatte eine Mutter, die einen behütet. Für die Mutter allerdings war es damals nicht so einfach. Es gab noch keine Pampers, sondern Stoffwindeln, die jedes Mal mühselig ausgekocht werden mussten. Das Auskochen der Windeln geschah Anfang der Sechziger in einem großen Topf auf dem Kohleofen. Auf diesem Kohleofen wurde auch das Essen gekocht, es sei denn, man konnte sich einen Elektrokocher mit einer Kochplatte leisten. Der Neuaufbau war noch im vollen Gang, deshalb lebten die meisten Duisburger noch in Häusern, die der Zerstörung des Krieges entgangen waren. Dem

Neugierig auf das Leben in Duisburg und der Welt.

entsprechend waren auch die sanitären Einrichtungen. In Mehrfamilienhäusern befanden sich die Toiletten oft auf den Fluren oder in den Treppenhäusern. Die Duisburger, die in kleinen Siedlungs- oder Zechenhäusern wohnten, benutzten noch die „Plumpsklos", die meist in den Ställen hinter den Häusern waren. Von einem Badezimmer konnte man damals nur träumen. Wenn für unsere Mütter „große Wäsche" angesagt war, verschwanden sie in die Waschküche. Dort stand die Waschmaschine mit Wassermotor. War der Waschgang beendet, dann wurde die nasse Wäsche mühselig durch einen Wringer gekurbelt. Unsere Mütter hatten es in dieser Zeit nicht leicht, doch davon bekamen wir noch nicht viel mit. Wir genossen einfach unser Duisburger Babyleben.

Immer mehr Duisburger

1960 konnte der damalige Oberbürgermeister August Seeling stolz verkünden, dass die Einwohnerzahl die halbe Million überschritten hatte. Es gab in Duisburg 503 641 Einwohner. Am Ende des Jahrzehnts war die Zahl der Duisburger in dem heutigen Stadtgebiet sogar auf 650 000 angewachsen. Wenn man bedenkt, dass es zum Kriegsende, 1945, nur noch 341 290 Einwohner in der Stadt gab, war das schon eine stattliche Steigerung.

Chronik

8. November 1960
John F. Kennedy wird mit 43 Jahren jüngster Präsident der Vereinigten Staaten von Amerika. Nur knapp drei Jahre später, am 22. November 1963, wird er ermordet.

12. April 1961
Der sowjetische Kosmonaut Juri Gagarin ist der erste Mensch im Weltall.

13. August 1961
Der Bau der Berliner Mauer beginnt.

September 1962
Die Mercatorhalle in Duisburg wird feierlich eingeweiht.

6. September 1962
Der französische Staatspräsident Charles de Gaulle kommt nach Duisburg und besucht den größten Arbeitgeber der Stadt, die August-Thyssen-Hütte.

November 1962
Die Sechs-Seen-Platte entsteht. Die Stadt Duisburg erwirbt eine 383 ha große Auskiesungsfläche. Daraus entstehen die sechs untereinander verbundenen Seen mit einer Wasserfläche von 150 ha.

November 1962
Der Zoo, damals nannte man ihn noch Tierpark, gründet Europas größtes Affenhaus, das Äquatorium.

7. Dezember 1962
Schließung der Schachtanlage Neumühl.

August 1963
Der MSV Duisburg gehört zu den ersten Mannschaften, die in die neu gegründete Fußballbundesliga aufgenommen werden.

Ab nach draußen

Die ersten Kontakte mit der Außenwelt erlebten wir natürlich im Kinderwagen. So ein Kinderwagen hatte Anfang der Sechziger ein ganz besonderes Flair. Die Modelle fielen durch kleine Räder und eine „windschnittige" Form auf. Die einen bevorzugten Wagen mit schwarzem oder dunkelrotem Lack und bei anderen musste es ein schneeweißer Korbkinderwagen sein. Mitte der Sechziger wurden Modelle modern, die größere Räder hatten und deutlich höher waren. Sonntags zogen sich die Mütter hübsche Kleider an und flanierten mit den Kinderwagen durch Duisburgs Parks und Wälder. So genossen wir schon als kleine Kinder das Grün des Mattler Buschs, des Jubiläumshains oder eines der zahlreichen Stadtparks, die es in Duisburg gibt. Auch der weitläufige Duisburger Wald wurde sehr gerne besucht.

Modern und schnittig:
Die Kinderwagen Anfang der Sechziger.

Zwischen Zechensiedlung und Neubaublock

Obwohl Anfang der Sechzigerjahre der Aufbau bereits weit fortgeschritten war, träumten die meisten Duisburger Familien noch davon, in einen Neubau ziehen zu können. Angesichts der Tatsache, dass unsere Stadt durch die Bombenangriffe im Zweiten Weltkrieg fast ausgelöscht wurde, die Duisburger Innenstadt war zu 90% zerstört worden, war es nicht verwunderlich, dass überall noch Hausruinen aus dieser schrecklichen Zeit zu sehen waren.

In den entstandenen Lücken zwischen den übrig gebliebenen Altbauten wurden sehr schnell neue Häuser hochgezogen. Die großen Häuserblocks hatten gemeinsame Innenhöfe. Dort spielten wir zusammen mit den anderen Kindern im Sandkasten, während unsere Mütter auf den Bänken saßen und untereinander den neusten Tratsch austauschten. Dabei strickten oder häkelten sie nebenbei noch Pullover oder Jäckchen für uns. Doch allzu viel Zeit hatten die Mütter nicht. Auch wenn sie uns Kinder versorgt und die Hausarbeit sowie die Einkäufe erledigt hatten, musste noch gekocht werden. Spätestens, wenn die Väter von der Arbeit kamen, musste das Essen auf dem Tisch stehen. Unsere Väter brachten großen Hunger mit, denn die oft schwere Arbeit „aufe Hütte" (bei der August-Thyssen-Hütte) oder „am Bau" (in der Baubranche) verlangte den Vätern einiges ab.

Viele von uns Kindern freuten sich immer auf einen Besuch bei ihren Omas. Diese wohnten oft in einem der zahlreichen Siedlungshäuser. Die Häuschen in den Zechensiedlungen hatten meist besonders große Gärten. Da hatte der Opa einen richtigen Acker

Um 1960 im Kino

In den Sechzigerjahren gab es in Duisburg mehr als zwanzig Kinos. Folgende Filme konnten sich unsere Eltern im Februar 1960 ansehen:
Gloria: „Lass mich sonntags nicht allein", mit Heidi Brühl und Georg Tomalla.
Metropol: „Am Tag als der Regen kam", mit Mario Adorf.
Atlantis: „Peter Voss, der Held des Tages", mit O.W. Fischer.
Residenz: „Buddenbrocks II", mit Lilo Pulver und Nadja Tiller.
Capitol: „Der unsichtbare Dritte", mit Cary Grant.

So ein Kindergeburtstag war immer etwas Besonderes.

So sahen unsere Wohnzimmer Anfang der Sechziger aus.

angelegt und viele Gemüsesorten angepflanzt. Das half beim Sparen. An den Häusern waren Schuppen und Ställe angebaut. Darin hielt man Kaninchen und Hühner. Im Dachstuhl war der Taubenschlag. Die Tauben landeten, genau wie die Kaninchen und Hühner, regelmäßig in der Pfanne. Wir Kinder dachten uns nichts dabei, wenn Opas Kaninchen, die wir immer streicheln durften, spätestens zum Weihnachtsessen, auf unseren Tellern lagen. Ganz im Gegenteil, der „Mümmel“ schmeckte so richtig gut.

Alle strömten zu Bill Ramsey

Am 8. Februar 1960 lud Karstadt zu einer Teenager-Modenschau ein. Diese Modenschau hatte einen besonderen Höhepunkt, den sich viele Duisburger nicht entgehen ließen. Als Stargast kam niemand anderer als Bill Ramsey, der nicht nur aus vielen Filmen bekannt war, sondern sich auch mit Songs wie „Ohne Krimi geht die Mimi nie ins Bett", „Pigalle", „Café Oriental" oder „Zuckerpuppe" einen Namen gemacht hatte. Natürlich war diese Teenager-Modenschau ein voller Erfolg.

Immer lustig: Bill Ramsey.

Unser Zuhause, einfach, aber schön

Selbst Anfang der Sechzigerjahre lebten immer noch viele Duisburger Familien, die im Krieg alles verloren hatten, in Notunterkünften wie Kasernen. Dort bewohnten sie dann ein oder zwei Zimmer. Diese Situation änderte sich erst nach und nach. Auch die meisten anderen Duisburger, die nicht das Glück hatten, in einen Neubau ziehen zu können, lebten in eher bescheidenen Wohnverhältnissen. Diesen Familien standen zwei, und wenn sie Glück hatten, auch mal drei Zimmer zur Verfügung. Meist gab es eine Wohnküche und ein Schlafzimmer. Das eigene Kinderzimmer war ein Luxus. Oft hatten die Eltern im Schlafzimmer den

Es wurden zwei Stühle zusammengeschoben und dann ging es ab in die Zinkwanne.

großen Schrank so postiert, dass dahinter Platz für die Kinderbetten war. Dabei waren die Platz sparenden Hochbetten sehr beliebt. Wir Kinder spielten folglich in der Wohnküche. Dass trotz der engen Verhältnisse häufig die Nachbarkinder zu Besuch waren und mit uns zusammen herumtollten, störte unsere Mutter nicht. Sie war froh, in einer Zeit, in der das Leben unseren Eltern noch allerhand abverlangte, wenigstens ihre Kinder glücklich zu sehen. Samstags war überall Badetag. Dann schob Mutter in der Küche zwei Stühle zusammen. Darauf stellte sie die Zinkwanne. Das Badewasser wurde in einem großen Kessel auf dem Kohleofen erhitzt. Nachdem wir Kinder gebadet hatten und wieder „glänzten", wie Mutter immer sagte, gab es Abendbrot. Dabei war ein

Geschwister erkannte man oft am Partnerlook.

Für den Sonntagsspaziergang wurden wir schick gemacht.

Butterbrot mit süßem Rübenkraut sehr beliebt. Die oft vorgesetzte Milchsuppe mit eingebrocktem Brot mochten die meisten von uns nicht. In den kalten Monaten gab es zusätzlich noch einen Löffel Sanostol, damit wir Kinder genug Abwehrkräfte hatten. Dann ging es ab ins Bett, denn auch die Eltern wollten noch in Ruhe baden.

Spielen, basteln, malen

Mit drei oder vier Jahren war man alt genug, um endlich ein Kindergartenkind zu werden. Es war eigentlich das erste Mal, dass sich die Wege von uns Kindern, die von klein auf im Sandkasten zusammen gespielt hatten, trennten. Einige von uns waren katholisch und die anderen evangelisch. Dementsprechend gingen wir auch in verschiedene Kindergärten. Viele wurden auch in einer der städtischen Einrichtungen angemeldet. Obwohl die Kindergärtnerinnen zu den nettesten Tanten der Welt gehörten, immer liebe- und verständnisvoll, bekamen einige von uns manchmal Sehnsucht nach ihren Müttern. Diese Kinder wurden, weil sie viel weinten, oft vorzeitig abgeholt.

Ein Kindergartenausflug in die Schweiz.

Für die meisten von uns war der Kindergarten etwas ganz Tolles. Dort wurde gespielt, gebastelt und gemalt. Manchmal spazierte unsere Gruppe auch durch die Stadt und unsere Kindergärtnerinnen erklärten uns, wie man sich zum Beispiel vor einer Ampel zu benehmen hat. Unser Spaziergang führte auch an der Eisdiele vorbei und jeder durfte sich eine Kugel von seinem Lieblingseis aussuchen. Im zweiten Kindergartenjahr übernachteten wir sogar in unserer Gruppe. Unvergessen sind auch die Ausflüge, bei denen man zum allerersten Mal für mehrere Tage woanders übernachtete. Der Rote-Kreuz-Kindergarten im Stadtteil Laar veranstaltete jedes Jahr sogar eine Reise in die Schweiz.

Karneval im Kindergarten.

Was kostete wie viel?

Die Mietpreise für eine 2- bis 3-Zimmerwohnung lagen in Duisburg 1960 durchschnittlich bei 35,- bis 50,- DM.
Eine moderne 4-Zimmerwohnung kostete bereits um die 150,- DM.

Sonderangebote im Februar 1960
Deutscher Supermarkt:
Rinderrouladen, 500 g – 3,28 DM
Eisbein, 500 g – 1,65 DM
Sauerkraut, 500 g – 0,35 DM

De Haan:
Rehragout, 500 g – 1,85 DM
Masthuhn, 500 g – 1,78 DM
(Der Konsum bot das Masthuhn schon für 1,64 DM an)

Merkur Supermarkt
Düsseldorfer Straße:
Schweinebraten, 500 g – 3,65 DM
Suppenfleisch, 500 g – 1,95 DM
Rotbarschfilet, 500 g – 0,98 DM
Äpfel, 1kg – 0,88 DM

Karstadt
König-Heinrich-Platz:
Rinderhack, 500 g – 2,30 DM
Schulterbraten, 500 g – 3,30 DM

Es entsteht

ein Paradies

Im Jahr 1962 erwarb die Stadt Duisburg eine 383 Hektar große Auskiesungsfläche, um dort den Plan der Sechs-Seen-Platte zu verwirklichen. Die Arbeit an diesem Projekt dauerte viele Jahre. Schließlich waren sechs untereinander verbundene Seen mit einer Wasserfläche von 150 Hektar entstanden der Wambachsee, der Masurensee, der Böllertsee, der Wolfsee, der Wildförstersee und der Haubachsee. Eigens für den Vogelschutz wurde eine große Insel belassen. 1969 begann man damit, zwischen dem Wolf- und dem Haubachsee einen großen Aussichtshügel aufzuschütten. Zunächst wurden unzählige Lkw-Ladungen mit Bau- und Trümmerschutt angekarrt und als Mitte der Siebzigerjahre die geplante Höhe von 30 Metern erreicht war, wurde der riesige Hügel mit Erde abgedeckt und begrünt. Auf der Spitze des Hügels errichtete man einen hölzernen Aussichtsturm. Viele Jahre später brannte dieser ab und wurde durch einen neuen Turm aus Stahl ersetzt.

Wenn wir heute, hoch über den Baumkronen, auf diesem Turm stehen, blicken wir auf eine paradiesische Idylle. Wir sind umgeben von einer herrlichen Seenlandschaft und tief unter uns gleiten die weißen Segelboote dahin. Lässt man seinen Blick in die Ferne schweifen, so sieht man zur einen Seite die Hausdächer des Stadtteils Großenbaum. Zu den anderen Seiten erblicken unsere Augen scheinbar endlose Waldflächen, die sich bis an den Horizont erstrecken.

Ein Ort der Erholung: der Wolfsee.

Papas neuer Käfer machte es möglich: Familienausflug in das Sauerland.

Käfer und Co.

Nicht jede Familie konnte sich Anfang der Sechzigerjahre ein Auto leisten. Dennoch sparten die meisten darauf hin. Nach und nach standen auf den Straßen und Höfen aber immer mehr Autos. Die meisten davon waren VW Käfer. Diese hatten teilweise noch keine Blinker, sondern oben neben den Türen so genannte Winker, die ausgefahren wurden, um die Fahrtrichtung anzuzeigen. Selbst die Duisburger Polizeiautos waren dunkelgrüne Käfer. Bei den Duisburgern waren auch Kleinstwagen sehr beliebt. Es gab die Isetta, die nur durch eine einzige Türe von vorne bestiegen werden konnte, oder das Goggomobil, welches mit einem Neupreis um die 3000,- DM sehr günstig war. Wenn sich eine Duisburger Familie einen Ford Taunus oder einen Opel Rekord leisten konnte,

Am Wochenende zum Badesee.

war das schon etwas Besonderes. Einen Mercedes oder BMW fuhren schon damals nur die, die etwas „aufe Tasche“ hatten. Natürlich fuhren auch einige Autos ausländischer Hersteller, wie Fiat, Citroên oder Renault durch Duisburgs Straßen. Autos japanischer Herkunft waren noch so gut wie unbekannt.

Wir Duisburger Kinder hatten unser „Schlechtwetterspiel“. Wenn es regnete, dann setzten wir uns ans Fenster und schrieben die Automarken auf einen Zettel. Dann wurde darunter eine Strichliste der am Fenster vorbeifahrenden Autos gemacht. Die Automarke, die am meisten vorbeifuhr, hatte gewonnen. Das war eigentlich immer der Käfer.

Das Beste an den Autos waren aber die Ausflüge, die unsere Eltern mit uns damit unternahmen.

Mit Papa und Mama in den Ruhrwiesen.

Zum Einkauf nach Holland

Es gab wohl kein Duisburger Kind, welches sich nicht freute, wenn die Eltern sagten: Wir fahren nach Venlo. Diese holländische Einkaufsstadt war damals wie heute ein sehr beliebtes Ziel der Duisburger. Da gab es billigen Kaffee und billige Zigaretten. Wer einen Diesel fuhr, der konnte dort auch günstig tanken. Heute begibt man sich auf die A40, gibt einmal kräftig Gas und schon ist man im 50 km entfernten Venlo. Eine Grenze gibt es nicht mehr. Früher war die Fahrt nach Holland aufregender, besonders für uns Kinder. Da hieß die A40 noch A2 und war noch nicht bis Venlo ausgebaut. Den größten Teil der Strecke legte man über die Bundesstraße 60 zurück. War die Staatsgrenze erreicht, wurde jedes Auto von den holländischen Zollbeamten gestoppt. Unsere Eltern mussten zur Überprüfung die Pässe abgeben. Wir Kinder saßen mucksmäuschenstill auf dem Rücksitz, denn vor diesen Männern in Uniform, die uns mit strengen Blicken begutachteten, hatten wir großen Respekt. Manchmal kontrollierten sie sogar den Kofferraum und suchten Schmuggelware. Wir waren jedes Mal erleichtert, wenn wir die Grenzkontrollen hinter uns gebracht hatten. Alle Kinder waren von Venlo begeistert, denn dort gab es viele Geschäfte mit Spielsachen, in denen wir herumschnüffeln durften. Damals gab es noch den „Ludwig von Venlo“, ein großes Lebensmittelgeschäft, in dem die Eltern den größten Teil ihrer Einkäufe erledigten. Dort gab es auch die Riesendauerlutscher, eine Süßigkeit, die man in Deutschland nicht kaufen konnte. Natürlich bekam jedes Kind so einen Lutscher. Zurück in Duisburg, packten wir Kinder sofort die Riesenlutscher aus und gingen nach draußen zu unseren Freunden. Voller Stolz hielten wir den Lutscher in der Hand und als die anderen Kinder das sahen, hörte man deren Kommentare: „Mensch, guck mal, die waren in Holland.“

Voller Stolz zeigten wir allen unseren Riesendauerlutscher aus Venlo.

Prominente
Duisburger

Rudolf Schock, geboren am 4. September 1915 in Duisburg-Hochfeld. Seine Karriere als erfolgreicher Opernsänger ist vorprogrammiert, als er 1932 im Opernchor des Duisburger Stadttheaters aufgenommen wird. Nach Erfolgen in der Wiener Staatsoper und in der Deutschen Oper Berlin wird er 1947 von der Schallplattenindustrie entdeckt. Durch seine einzigartige Stimme sowie unzählige Tonaufnahmen und Fernsehauftritte erlangt er weltweit Berühmtheit. Rudolf Schock verstirbt am 13. November 1986 in Düren.

Fred Bertelmann, geboren am 7. Oktober 1929 in Duisburg. Zunächst studiert er Cello, Trompete und Gitarre und absolviert zusätzlich eine Ausbildung zum Schauspieler und Sänger am Konservatorium in Nürnberg. Mit dem Song „Tina Marie", der sofort ganz oben in den Hitlisten landet, beginnt 1955 seine Karriere als Schlagersänger. Bertelmann wirkt ebenfalls in zahlreichen Filmen mit. 1957 singt er in dem Film „Der lachende Vagabund" das gleichnamige Lied, welches ihn als Sänger unvergessen macht.

Manfred Krug, geboren am 8. Februar 1937 in Duisburg und von 1949 bis 1977 in der DDR lebend, ist Schauspieler, Sänger und Autor. 1976 erhält Krug in der DDR ein Teilberufsverbot, weil er sich einem Protest gegen die Ausbürgerung von Wolf Biermann anschließt, woraufhin er einen Ausreiseantrag stellt und mit seiner Familie nach Westberlin zieht. In der Bundesrepublik wird er u.a. durch die Fernsehserie „Liebling Kreuzberg" sowie seine Rolle als Tatortkommissar populär.

Fritz Pleitgen, geboren am 21. März 1938 in Duisburg, macht sich als Fernsehjournalist einen Namen. Ab 1964 arbeitet er als Auslandskorrespondent und berichtet über die EWG und NATO-Sitzungen in Brüssel und Paris. Von 1970 bis 1977 ist er als Auslandskorrespondent in Moskau tätig. Nach vielen weiteren Stationen ist er von 1995 bis Ende März 2007 Intendant des Westdeutschen Rundfunks. Am 1. April 2007 wird er Vorsitzender der Geschäftsführung der Ruhr 2010 GmbH.

Daisy Door, mit bürgerlichem Namen Evelyn van Obhuisen, geboren am 30. Januar 1944 in Duisburg, wird als Schlagersängerin bekannt. Sie singt bereits als Kind im Kölner Rundfunk und wird später Mitglied im Botho-Lucas-Chor. Ihre Solokarriere beginnt 1971 mit dem Song „Du lebst in deiner Welt", Titellied einer Folge der TV-Serie „Der Kommissar". Von diesem Titel werden in den ersten drei Monaten bereits 500 000 Schallplatten verkauft. Es folgten weitere Hits. Heute heißt sie Evelyn Ericson und lebt in Duisburg.

Peter Lindbergh, geboren am 23. November1944 als Peter Brodbeck in Lissa an der polinischen Grenze und aufgewachsen in Duisburg-Rheinhausen, ist Mode- und Lifestylefotograf. Er gilt als einer der besten seines Metiers und arbeitet u.a. für die Vogue.

Bernard „Ennatz" Dietz, geboren am 22. März 1948 in Bockum-Hövel, ist Fußballspieler und -trainer. Er spielt als Abwehrspieler von 1970 bis 1982 für den MSV Duisburg in der Fußball-Bundesliga. In 495 Einsätzen erzielt er 77 Tore, davon 70 für den MSV. Bis heute ist er der zweitbeste Bundesliga-Torschütze des MSV.

Uwe Lyko, geboren am 22. September 1954 in Duisburg-Rheinhausen, ist Kabarettist und Komiker. Bekannt geworden ist er durch die Figur des ewig auf Ruhrdeutsch schimpfenden und nörgelnden Rentners Herbert Knebel aus Essen-Altenessen.

Denise, bürgerlicher Name Heike Hielscher, geboren am 29. März 1958 in Duisburg, macht sich einen Namen als Sängerin, Texterin und Gitarristin. Nachdem sie 1979 englischsprachige Discosongs singt, folgt 1982 ihr Auftritt bei der Vorentscheidung zum Eurovision Song Contest. Mit dem Titel „Die Nacht der Lüge" landet sie auf Platz 4. Es folgen zahlreiche TV-Auftritte wie z.B. in den Sendungen „ZDF-Hitparade" oder „Die Verflixte Sieben". Ihr wohl bekanntester Hit ist „Schenk mir keine Rosen".

Jürgen Hingsen, geboren am 25. Januar 1958 in Duisburg, ist ein bekannter deutscher Sportler. In den 80er Jahren kann er als Zehnkämpfer auf zahlreiche Erfolge blicken: dreimaliger Weltrekordhalter, Silbermedaillengewinner bei den Olympischen Spielen, Vizeweltmeister und zweimaliger Vizeeuropameister. 1984 spielt er eine Hauptrolle in der Komödie „Drei und eine halbe Portion" mit Karl Dall, Rolf Milser und Patrick Bach.

Graciano „Rocky" Rocchigiani, geboren am 29. Dezember 1963 in Rheinhausen (heute Duisburg-Rheinhausen), ist Profiboxer. 1982 wird Rechtsausleger Rocchigiani Deutscher Meister im Halbmittelgewicht und wechselt im Jahr darauf ins Profigeschäft. Er bestreitet 122 Kämpfe.

Horst Schimanski ist eine fiktive Figur aus der ARD-Fernsehreihe „Tatort", in der er ab dem 28. Juni 1981 in 29 Folgen als Kriminalhauptkommissar in Duisburg seinen Dienst tut. Schimanski wird vom Berliner Schauspieler Götz George, geboren am 23. Juli 1938, dargestellt.
Nach einer Pause zwischen 1991 und 1997 tritt er in einer eigenständigen Krimi-Serie „Schimanski" wieder regelmäßig in Aktion.

Als Cowboy und Indianer präsentierten wir uns vor dem neuen Fernseher

Der erste Fernseher

Was war das für eine Aufregung, als plötzlich zwei fremde Männer mit einem großen Karton vor der Tür standen. Vater bat die Männer herein. „Was ist denn da drin?“, wollten wir Kinder wissen, doch Vater lächelte und meinte nur: „Eine Überraschung.“ Als die Männer den Inhalt des Kartons auspackten, machten wir große Augen. Ein Fernsehapparat. Was waren wir stolz, denn wir waren die erste Familie im ganzen Haus, die so ein Gerät besaß. Zwar hatten wir schon bei Nachbarn im Nebenhaus ferngesehen, doch jetzt hatten wir einen eigenen Fernseher. Als die Männer das Gerät aufgestellt hatten, begaben sie sich hinauf zum Dachboden, um dort eine Antenne zu installieren. Das Antennenkabel wurde einfach über das Dach heruntergeworfen und pendelte vor unserem Fenster. Man bohrte ein Loch in den hölzernen Fensterrahmen, schob das Kabel hindurch und schloss es an. Das war damals die übliche Art, ein Antennenkabel zu verlegen. Wenn wir durch Duisburgs Straßen gingen, erkannten wir sofort, wer schon einen Fernseher besaß, nämlich all die, in deren Fenster ein Antennenkabel verschwand. Es gab anfänglich nur ein einziges Programm, das Deutsche Fernsehen. Bald schon hatten wir Kinder unsere Lieblingssendungen. Das waren „Fury“, „Am Fuß der blauen Berge“ und „Abenteuer unter Wasser“ mit dem Taucher Mike Nelson, der von dem jungen Lloyd Bridges gespielt wurde. Bald kamen auch die Abenteuer von „Lassie“ dazu. Die Sendungen wurden alle noch in Schwarz-Weiß ausgestrahlt. Uns störte die fehlende Farbe nicht, denn wir kannten es ja nicht anders. Wenn abends ein spannender Krimi wie „Stahlnetz“ lief, kamen die Nachbarn, die noch keinen eigenen Fernseher hatten, zu uns. Sie brachten Stühle und Bier mit. Dann wurde ein Fersehabend gemacht. Wir Kinder gehörten natürlich ins Bett. Nur wenn das Millowitsch- oder Ohnsorgtheater lief, durften auch wir Kinder das Abendprogramm sehen. Bald öffnete sich auf dem Bildschirm der Vorhang der Augsburger Puppenkiste. Von „Lukas, der Lokomotivführer“, „Der Löwe ist los“ und „Urmel aus dem Eis“ waren wir begeistert. Um das dazugekommene Zweite Programm zu empfangen, musste das Fernsehgerät umgebaut werden. Danach klang aus allen Kindermündern: „Turnikotie, turnikotaa, Zebulon ist wieder da!“

Wir konnten es nur in Schwarz-Weiß sehen: Das alte Logo der ARD.

Chronik

6. September 1963
Willy Brandt eröffnet die Berliner Brücke, die mit einer Länge von 1824 Metern zu den längsten Straßenbrücken Deutschlands gehört.

5. Juni 1964
Das Wilhelm Lehmbruck Museum wird eröffnet.

24. Juli 1965
Der Duisburger Zoo eröffnet als erster Binnenzoo ein Delphinarium.

6. Juli 1965
Oberbürgermeister August Seeling legt den Grundstein für die Großwohnanlage Hagenshof, in der über 1000 Wohnungen entstehen.

23. Juni 1966
„The Beatles“ machen ihre erste Tournee durch die Bundesrepublik Deutschland.

25. August 1967
Mit der TV-Sendung „Der goldene Schuss“ beginnt in Deutschland das Zeitalter des Farbfernsehens.

8. November 1968
Die pädagogische Hochschule wird gegründet.

9. Februar 1969
Das Niederrheinische Museum öffnet seine Pforten.

27. Mai 1969
Das Autobahnkreuz Duisburg-Kaiserberg, der berühmte Spagettiknoten, wird für den Verkehr freigegeben.

21. Juni 1969
Der US-Astronaut Neil Armstrong betritt als erster Mensch den Mond.

Die Großwohnanlage
Hagenshof

Auch wenn viele Leute diese gewaltige Siedlung im Stadtteil Meiderich, nahe der Stadtgrenze zu Oberhausen, als Bausünde der Sechziger und Siebziger bezeichnen, damals war der Bau angesichts der Wohnungsnot sinnvoll. Den Grundstein für die ersten 52 Wohnungen der Anlage legte Oberbürgermeister August Seeling am 6. Juli 1965. Im April 1967 begann die Rheinische Wohnstätten AG mit dem Bau von 400 Wohnungen, die für „sanierungsverdrängte" Bewohner des Stadtteils Neumühl bestimmt waren. Dort zogen im August 1968 die ersten Mieter ein. Nachdem Ende September 1971 der zweite Bauabschnitt beendet war, gab es bereits 650 Wohnungen. Der dritte Bauabschnitt begann im März 1972. Dabei sorgte die Bremer Treuhand-Gesellschaft für weitere 394 Wohnungen. Nach Beendigung dieses Bauabschnittes gab es in der Großwohnanlage Hagenshof mehr als 1000 Wohnungen. Diese Siedlung mit ihren gewaltigen Gebäudekomplexen glich einer kleinen Stadt. So war es nicht verwunderlich, dass bald schon die ersten öffentlichen Einrichtungen in der Anlage errichtet wurden, 1970 eine Gemeinschaftsgrundschule und 1971 das katholische Gemeindezentrum. Zum Einkauf hatten es die Bewohner der Siedlung nicht weit, denn unmittelbar neben der neuen Großwohnanlage befand sich das riesige Einkaufszentrum „Supermagazin", später „Massa", heute „real".

Das Einkaufen

Unsere Mütter mussten nicht jedes Mal in ein Geschäft gehen, wenn sie etwas kaufen wollten, denn viele Händler zogen durch die Duisburger Straßen und boten ihre Waren an. Es waren Bauern, die Gemüse und Obst anboten, der Kartoffelhändler und der Milchmann, die anfänglich sogar noch mit Pferdekutschen unterwegs waren. Der Kohlenhändler hatte sogar zwei große Kaltblüter vor seinen Wagen gespannt, wenn er seine Lieferung brachte. Er legte sich immer ein Leder über seine Schulter, zog einen Sack Kohle darauf und leerte den Sack dann vor dem Kellerfenster. Wir Kinder waren uns immer einig: Das war der schmutzigste Mensch der Welt, immer kohlrabenschwarz. Der erste Händler, der motorisiert durch die Straßen fuhr, war der „Klüngelskerl", von manchen auch „Lumpenpitt" genannt. Er fuhr einen Goliath, das war ein dreirädriger Kleinlastwagen. Wenn er kam, hörte man zunächst die Melodie seines Flötenspiels. Dann vernahm man seine Rufe: „Lumpen, Alteisen! Lumpen, Alteisen!" Natürlich wurden nicht alle Dinge, die man zum Leben brauchte, geliefert. In jedem Stadtteil gab es zahlreiche Tante-Emma-Läden. Es gab Bäcker und Metzger, und es gab Milchläden. Dort konnte man Eier, Butter, Käse und natürlich Milch kaufen. Wenn die Mutter uns dorthin schickte, um einen Liter Milch zu kaufen, dann nahmen wir eine Milchkanne mit. Die Verkäuferin stellte unsere Kanne unter einen Zapfhahn. Dann drückte sie einen Schwengel herunter und pumpte so die Milch in die Kanne. Bei einem Druck auf den Schwengel kam immer ein halber Liter heraus. Für einen Liter musste die Verkäuferin also zweimal pumpen. Weitere Einkaufsmöglichkeiten waren die Wochenmärkte, die in allen Duisburger Stadtteilen regelmäßig stattfanden. Zum Einkauf auf dem Markt begleiteten wir Kinder unsere Mütter immer gerne, denn wir fanden das bunte Treiben und die Marktleute, die ihre Waren lauthals feilboten, sehr aufregend.

Der große Kaufhof an der Duisburger Straße.

Wenn wir Kinder neue Kleidung oder Schuhe benötigten, dann hieß es natürlich: „Wir gehen in die Stadt." Damit konnten allerdings verschiedene Ziele gemeint sein. Leute, die um die Stadtmitte herum wohnten, kauften natürlich im Zentrum ein. Anders war es zum Beispiel bei Duisburgern, die in Hamborn wohnten. Da konnte „Wir gehen in die Stadt", bedeuten, dass sie

Auch wenn sie sehr abgespielt waren, wir liebten unsere Autos von Siku und Matchbox.

nach Marxloh gingen, denn die Straßenzüge an der Pollmannkreuzung gehörten ebenfalls zu den damaligen Einkaufsmetropolen. Unvergessen bleibt die außergewöhnliche Ampel, die mitten über der Pollmannkreuzung hing. Diese Ampel war ein großer Würfel, der auf den vier Seitenflächen grüne und rote Felder hatte. Wie auf einer Uhr kreiste ein großer Zeiger auf der Fläche und je nachdem, ob er auf dem grünen oder dem roten Feld war, durfte man fahren oder musste warten. Diese Ampel fiel häufig aus und deshalb stand oft ein Polizist mit weißen Ärmeln mitten auf der Kreuzung und regelte den Verkehr.

Zum Einkleiden ging man zu Peek & Cloppenburg, Sinn oder C & A. Natürlich gab es auch die großen Kaufhäuser, wie Kepa, Woolworth, Kaufhalle, Kaufhof und Horten. Uns Kinder interessierte in diesen Kaufhäusern aber eigentlich nur eines: die Spielzeugabteilung. Dort standen wir mit großen Augen vor den Regalen und bestaunten all die Dinge, die wir uns heimlich wünschten. Noch beliebter waren bei uns die großen Spielwarengeschäfte. Im Stadtteil Hamborn gab es Spielwaren Mann und es gab den Spielwarenimporteur Freiwald, der in einer großen Halle am Hamborner Güterbahnhof alles verkaufte, was wir Kinder uns wünschten. Das wohl bekannteste Spielwarengeschäft in Duisburg war damals schon Roskothen. Wie oft haben wir uns als Kinder an den dortigen Schaufensterscheiben die Nasen platt gedrückt? Leider konnten wir uns vom Taschengeld nur kleine Dinge leisten. Die Mädchen kauften sich neue Kleidung für ihre Barbiepuppen und die Jungen kleine Autos von Matchbox oder Siku.

Zum Möbelkauf gingen unsere Eltern in eines der zahlreichen Möbelgeschäfte. Allein Möbel Weiler hatte in Duisburg fünf große Geschäfte. Neben dem Stammhaus in Bruckhausen und dem Geschäft in Marxloh hatte Weiler noch Filialen auf der Beekstraße, der Fliederstraße und der Düsseldorfer Straße.

Ob für die Erwachsenen oder für uns Kinder, es gab in Duisburg alles, was das Herz begehrte. Doch leider konnte man sich das meiste davon damals nicht leisten.

Wie oft haben wir uns an diesen Schaufensterscheiben die Nasen platt gedrückt?

Roskothen – ein Kinder-Paradies

Ein wichtiger Teil Duisburgs war für uns Kinder das Spielwarengeschäft Roskothen auf dem Sonnenwall. Dieses Geschäft war bereits bei unseren Großeltern und Eltern sehr beliebt. Auch heute noch freuen sich unsere Kinder, wenn wir zu ihnen sagen: „Wir gehen nach Roskothen."

Das Traditionsunternehmen Roskothen wurde bereits 1879 gegründet. 1882 eröffnete das Geschäft auf der Beekstraße. Im Jahr 1884 zog es auf den Sonnenwall um, wo es auch heute noch zu finden ist.

In der Nacht zum 12. Juni 1941 wurde der Sonnenwall durch Bombenangriffe arg in Mitleidenschaft gezogen. Dabei wurde das Geschäft schwer beschädigt. Es wurde aber sofort wieder neu hergerichtet. Bei der Wiedereröffnung im gleichen Jahr waren acht Polizeibeamte nötig, um die

Das Spielmobil.

mehrere hundert Meter lange Käuferschlange, die sich angestellt hatte, im Zaum zu halten. Am 13. Mai 1945 wurde das Geschäft bei einem Bombenangriff wieder vollständig zerstört. Als der Krieg vorbei war, gab es drei Jahre nach der Zerstörung 1948 die Wiedereröffnung. Das Spielwarengeschäft wurde sogar mehrere Mal von niemand anderem als der berühmten Puppenmutter Käthe Kruse persönlich besucht.

Wenn wir als Kinder mit den Eltern in der Innenstadt waren und bei Roskothen vorbeikamen, hätten wir stundenlang vor den Auslagen in den Schaufenstern stehen und staunen können. Die große Modelleisenbahnanlage, die im Schaufenster ausgestellt war, zog nicht nur die Jungen in ihren Bann. Auch die Väter waren davon fasziniert. Jedes Mal, wenn wir Kinder den weißen VW-Bus mit der Aufschrift Roskothen durch die Duisburger Straßen tuckern sahen, dann wären wir am liebsten dort eingestiegen, um mit in das „Traumland" am Sonnenwall zu fahren.

Selbst in der dritten Klasse trugen viele Jungen immer noch Lederhosen.

Schultüte und Ranzen

Es war wohl für uns alle ein großer Tag, als wir uns, mit dem Ranzen auf dem Rücken und der großen Schultüte in der Hand, zum ersten Mal auf den Schulweg machten. Unsere Mütter lieferten uns bei der Lehrerin ab und da die erste Bekanntschaft mit dem neuen Klassenzimmer nur ein oder zwei Stunden dauerte, wurden wir bald schon wieder abgeholt. Kaum waren wir als stolze Schulkinder wieder zuhause angekommen, machten wir uns über den Inhalt der Schultüte, der überwiegend aus Süßigkeiten bestand, her.

In den ersten Schultagen wurden viele von uns noch von den Eltern zur Schule begleitet. Dann aber mussten wir den Schulweg ganz alleine bewältigen. Die einen Kinder kamen zu Fuß und die anderen mit dem Bus oder der Straßenbahn. Wer mit dem Bus fahren musste, der genoss dabei natürlich die schöne Aussicht von oben, denn damals fuhren für die DVG noch „Doppeldecker", wie wir sie immer nannten. Das waren Busse, die im hinteren Bereich noch eine zweite Etage hatten. Dort oben saßen wir Kinder. Von oben, aus dem Bus, konnte man im Vorbeifahren auch mal „unauffällig" die Leute auf der Straße mit einer Wasserpistole nass spritzen.

Unsere Schulranzen, die wir immer als „Tonne" bezeichneten, waren damals noch aus Leder. Der Inhalt der Ranzen war anfangs noch recht dürftig. Er bestand aus einer Tafel, einem Griffeletui, einem Schwamm und der Fibel, dem ersten Lesebuch. Da wird sich jeder noch genau an Pu den Bären erinnern. Trotz der netten Lehrerin mussten wir aber bald feststellen, dass die Schule auch Pflichten mit sich brachte. So wurde jeder von uns mal zum Kakaodienst eingeteilt. Wir mussten dann in den Pausen zum Schulhausmeister gehen und dort den Kakao, bzw. die Milch für unsere Klasse abholen. Dann gab es noch den unbeliebten Hofdienst. Dabei musste man, mit einer langen Zange und einem Eimer bewaffnet, den Dreck vom Schulhof aufsammeln, den die Kinder in den Pausen darauf hinterlassen hatten. Die Pausen selbst waren aber die schönsten Momente des Schulbesuchs. Wenn der Gong erklang, dann strömten wir alle lärmend aus dem Klassenraum. Auf dem Schulhof wurde getobt und gespielt. Manchmal gab es aber auch zwischen den Jungen handgreifliche Auseinandersetzungen, bei denen die Lehrer einschreiten mussten. Wenn der Gong das Ende der Pause ankündigte, mussten wir uns ordentlich in Zweierreihen aufstellen,

Der erste Schultag.

In der oberen Busetage war die Aussicht am schönsten.

bevor es zurück in die Klasse ging. Neben den üblichen Schulfächern gab es noch die Heimatkunde. Dabei lernten wir zunächst die Geschichte unseres eigenen Stadtteils kennen. Wir erfuhren von den ersten Kohleförderungen in Duisburg und von den Industrieansiedlungen, von denen fast alle Duisburger Arbeitsplätze abhingen. Eine Schiffsfahrt durch die Ruhrorter Hafenanlage war ebenfalls ein Teil der Heimatkunde. Von Bord aus konnten wir die riesigen Kräne, die mit ihren gigantischen Greifern die Schiffe be- und entluden, ganz aus der Nähe sehen.

Ferien – das Beste an der Schule

Das Schönste in der Schulzeit waren aber die Ferien. Da viele Duisburger in den Sechzigerjahren finanziell noch nicht in der Lage waren, sich Urlaubsreisen zu leisten, bot die Stadt Duisburg in den Ferien die Nahbereichserholung an. Die Kinder wurden morgens mit einem Bus abgeholt und fuhren dann zu verschiedenen Naherholungsgebieten. Nachmittags ging es dann wieder zurück nach Duisburg. Natürlich freuten wir Kinder uns noch mehr darüber, wenn wir für zwei Wochen in ein Schullandheim oder eine Jugendherberge durften. Beliebt waren die Schullandheime Antweiler oder Udenbreth in der Eifel. Ebenso stand bei uns Duisburger Kindern die Jugendherberge in Eckernförde ganz oben auf der Wunschliste. Auch die Kirchengemeinden boten Fahrten an. Für die Jungen war es etwas Besonderes, sich den Pfadfindern anzuschließen, um für zwei Wochen auf einer Luftmatratze in einem Zeltlager, fernab der Zivilisation zu schlafen.

Für uns war es Abenteuer pur, das Zeltlager.

Duisburg, die Hafenstadt

Die Häfen, ein Thema, welches uns an die Heimatkunde in der Schule erinnert. Nachdem wir mit der Schulklasse die obligatorische Hafenrundfahrt per Schiff hinter uns gebracht hatten, schrieben wir an den folgenden Tagen in zwei Fächern Arbeiten. In Heimatkunde über die Geschichte des Hafens und in Deutsch einen Aufsatz über die Hafenrundfahrt. Für alle, die es vergessen haben:
Eine 1665 gegründete Schiffergilde war der Ursprung des Ruhrorter Hafens. 1712 entstand die erste Schiffswerft in Ruhrort und 1716 baute man einen dafür angemessenen Hafen. Daraus entwickelte sich die riesige Hafenanlage, die wir heute kennen, ein Knotenpunkt für Industrie und Handel. Da war es nicht verwunderlich, dass diese Anlage im Zweiten Weltkrieg ein Ziel für die Bomben war. Es gab ca. 300 Luftangriffe auf unsere Stadt. So rollten am 14. und 15. Oktober 1944 gleich drei Angriffswellen über Duisburg. Dabei warfen mehr als 1000 Bomber 5500 Tonnen Bomben ab. Danach lagen in den Hafenbecken 313 versenkte und fast 100 beschädigte Schiffe. Nach dem Wiederaufbau erreichte man bereits in den Fünfzigerjahren einen Umschlag von 35 Millionen

Luftaufnahme des Hafens Ruhrort.

Tonnen. Das war so viel wie vor dem Krieg. In den Sechzigern und Siebzigern steigerte sich der Güterumschlag kontinuierlich. Zu den wichtigsten Umschlaggütern gehörten Kohle, Erz, Öl, Eisen und Stahl, sowie Sand, Kies, Schrott und Getreide. Heute dominieren Containerwaren jeglicher Art den Umschlag.
Der komplette Bereich der heutigen Duisburger Hafenanlagen hat eine Gesamtfläche von 10 km². Damit hat Duisburg den größten Binnenhafen der Welt.

Damals wie heute ist das Steiger Schwanentor der Ausgangspunkt für alle Hafenrundfahrten.

Erleichterung bei der Wasserpolizei

Voller Stolz teilte die Duisburger Wasserschutzpolizei in einem Pressebericht mit, dass die Zahl der Schiffsuntergänge deutlich gesunken ist. Im Jahr 1968 war die Anzahl der gesunkenen Schiffe bereits auf 25 zurückgegangen. Dieser Rückgang setzte sich 1969 fort, denn da waren es nur noch 19 Schiffe. Es kam sehr oft vor, dass die Schiffsführer ihre Schiffe auf Grund setzten, weil sie mal wieder zu tief ins Glas geschaut hatten. Diese ungute „Seemannstugend" schien sich aber deutlich gebessert zu haben, denn 1969 kam es nur in sieben Fällen zur Havarie wegen Trunkenheit am Steuer.

Keine Seltenheit: Eine Ölspur auf der Wasserstraße.

Karneval

Der Karneval wird allen Kindern aus dem Rheinland bereits in die Wiege gelegt. Kaum konnten wir laufen, da sorgten unsere Eltern dafür, dass wir zu den tollen Tagen im angemessenen Outfit herumliefen. Auch wenn die Jungen oft als Seemänner oder Piraten verkleidet waren, die meisten liefen in Cowboy- und Indianerkostümen herum. Damit konnte man wunderbar die Filmszenen aus Winnetou nachspielen. Natürlich standen wir schon viele Tage vor Karneval vor den Schaufensterscheiben von Roskothen und bestaunten die Auslagen. Die Mädchen betrachteten die schönen Karnevalskostüme und die Jungen die neusten Modelle der Schusswaffen. Je

Karneval waren wir Cowboys, Clowns und Funkenmariechen.

Erwartungsvoll standen wir am Hamborner Kinderkarnevalszug und warteten auf die Kamellen.

nach Pistole oder Gewehr waren wir mit Schreckschuss- oder Platzpatronen ausgerüstet. Die Platzpatronen waren auf einem langen Papierstreifen, den man als Rolle in sein Schießeisen einlegte. Die Schreckschusspatronen für die Trommelrevolver waren allerdings wesentlich lauter. Den charakteristischen Geruch, den die verschossenen Patronen verbreiteten, hat wohl jeder von uns, bei den Gedanken an unsere ausgiebigen Karnevalsschießereien, heute noch in der Nase. Zwar waren auch manche Mädchen als Indianerinnen unterwegs, doch die meisten von ihnen verkleideten sich als Prinzessinnen, Zauberinnen, Feen und Funkenmariechen.

Solange wir zurückdenken können, zogen unsere Eltern mit uns alljährlich zu den Duisburger Karnevalszügen. Was hatten wir doch für ein Glück, Duisburger Kinder zu sein, denn in unserer Stadt gab es damals schon den größten Kinderkarnevalszug Europas. Karnevalssonntag säumten in den Stadtteilen Hamborn und Marxloh Hunderttausende die Straßen, um diesen berühmten Kinderkarnevalszug zu sehen. Wenn die Kapellen und die prachtvollen Wagen vorbeizogen, standen wir Kinder immer in der ersten Reihe. Von dort aus konnten wir besser den Zug bestaunen. Das Wichtigste für uns war aber, möglichst viele von den Kamellen zu sammeln, die aus vollen Händen von den Wagen herabgeworfen wurden. Kaum war der Karnevalszug vorbei, freuten sich viele von uns schon auf den nächsten Tag, denn da gab es in der Stadtmitte den großen Rosenmontagszug. Da konnte man noch einmal so richtig viele Kamellen sammeln.

Duisburg – eine moderne Einkaufsstadt

Um als Einkaufsstadt dem aktuellen Standard zu entsprechen, wurden die Geschäftsstraßen in der Innenstadt nach und nach in fußläufige Basarstraßen umgewandelt. Der Umbau des Sonnenwalls fand Ende der Sechziger statt. Am 22. Mai 1967 fuhr die allerletzte Straßenbahn durch die beliebte Geschäftsstraße. An der Bahn waren Plakate befestigt, auf denen ein letztes Mal die Geschäfte gegrüßt wurden. Die Eröffnung der neuen Basarstraße am 6. Juli 1968 wurde zu einem großen Volksfest, auf dem sich Tausende einfanden. Würstchen vom Holzkohlegrill kosteten 20 Pfennig. Leider war das ausgeschenkte Freibier sehr schnell zu Ende. Stargast bei der Eröffnung war der berühmte „singende Leichtathlet" Martin Lauer. Er war kaum in der Lage, den Ansturm der Autogrammjäger zu bewältigen.
Um zehn Uhr war es dann so weit. Der Oberbürgermeister Seeling durchschnitt feierlich das Band. Die Schere dazu hatte ihm, auf einem Kissen, die kleine Viola Roskothen überreicht.
Die überschwänglichen Feierlichkeiten dauerten den ganzen Tag. Als abends wieder Ruhe einkehrte, glich die Einkaufsstraße einem Schlachtfeld. Der neue Basar war mit Würstchenspießen, Papier und anderem Müll übersät. Es gab auch bereits die ersten Schäden. Ein Betrunkener hatte das „Stehende Mädchen" von Kaspar, eine Leihgabe des Lehmbruck-Museums eigens für den Sonnenwall, aus der Verankerung gerissen. Auch die Sonnenuhr wurde beschädigt. Die große Schaufensterscheibe eines Lokals ging ebenfalls in die Brüche, weil sich zwei junge Männer um ein Mädchen stritten. Einer von ihnen hatte seinen Nebenbuhler mit einem Faustschlag durch die Scheibe des Lokals befördert.
Heute sind allein in der Innenstadt mehr als zehn Straßen und Plätze fußläufig. Natürlich wurden auch in zahlreichen anderen Duisburger Stadtteilen Einkaufsstraßen in Fußgängerzonen umgewandelt.

Viola Roskothen überreicht Oberbürgermeister Seeling die Schere.

Die schöne Sommerzeit

Wenn es nur eben möglich war, verbrachten wir unsere Zeit an der frischen Luft. Langeweile kannten wir nicht, denn wir wussten immer, womit wir uns beschäftigen konnten. Wenn es so richtig heiß war, dann holten wir unsere Zinkbadewannen heraus und stellten sie auf den Hof. Die Wannen wurden mit Wasser gefüllt und so zu Plantschbecken umfunktioniert. War es zum Plantschen zu kühl, dann spielten die Jungen mit ihren kleinen Autos von Matchbox oder Siku oder mit den Autoquartetts. Auch das Spiel mit den Murmeln, von uns Knicker genannt, war sehr beliebt. Wenn jemand mit seiner „Pille" rauskam, ließen die Jungen alles liegen und spielten Fußball. Manchmal gab es sogar richtige Turniere. Dann spielten die Kinder von verschiedenen Häuserblocks und Straßenzügen gegeneinander. So friedlich ging es bei den Jungen allerdings nicht immer zu, denn es gab zwischen den einzelnen Häuserblocks oft auch regelrechte Bandenkriege. Dabei konnte es schon mal zu Auseinandersetzungen kommen, die mit einem blauen Auge endeten.

Die Jungen trugen im Sommer fast alle das Gleiche, nämlich eine kurze Lederhose. Dieses Kleidungsstück hielt mehrere Jahre. So eine Lederhose hielt allerhand aus und das war bei uns wilden Jungen sehr wichtig. Wir hatten oft aufgeschlagene Knie und lädierte Ellebogen, doch die Lederhose blieb heil.

Die Mädchen hatten da ganz andere Interessen. Sie spielten überwiegend mit ihren Puppen. Manchmal holten sie auch ihre Sammlungen von Glanzbildern heraus, um diese untereinander zu tauschen. Ein sehr beliebtes Mädchenspiel war Gummitwist. Dabei stellten sich zwei Mädchen gegenüber und spannten ein langes Gummi um ihre Knöchel. Ein drittes Mädchen musste bestimmte Figuren über das Gummi springen. Dann wurde das Gummi Stufe für Stufe immer höher um die Beine gelegt. Das Spiel mit dem Flummi, einem Hartgummiball, der unkontrolliert durch die Gegend sprang, wenn man ihn auf den Boden warf, war auch sehr beliebt. Dann gab es noch die Klick-Klack-Kugeln. Wer damit nicht aufpasste, hatte schnell blaue Flecke am Handgelenk.

Den weißen Kommunionskleidern zum Trotz, unser Drang nach draußen war immer groß.

Auch ein tropfender Hydrant war etwa Besonderes.

Die erste
Mondlandung

Am 20. Juli 1969 gingen gegen drei Uhr nachts nicht nur in Duisburg viele Lichter in den Wohnungen an. Da saßen unsere Eltern zusammen mit uns vor dem Fernseher und starrten gebannt auf den Monitor. Die erste Mondlandung von Apollo 11 wurde live übertragen. Als Neil Armstrong den ersten Schritt auf den Mond machte, sagte er den berühmten Satz: „That's one small step for man ... one ... giant leap for mankind." Wir haben zwar alle nicht verstanden, was er da sprach, aber wir fanden es großartig und sehr spannend.

Eine Sensation, die Mondlandung.

Bei Hunger „anne Bude“

Wenn wir Appetit auf etwas Süßes bekamen, gingen wir zur Bude, denn „anne Bude“ gab es alles, was unser Herz begehrte. Die Bonbons, auch Klümpkes genannt, konnten wir dort einzeln kaufen. Die meisten Bonbons kosteten 1 Pfennig pro Stück. Silberlinge oder Knöteriche kosteten sogar nur 1/2 Pfennig. Wir liebten auch das Wassereis, welches damals noch zwei Stiele hatte. Natürlich fuhr im Sommer auch der Eismann mit seinem bunten VW-Bus durch die Straßen. Wenn wir seine Glocke aus der Ferne klingeln hörten, rannten wir nach Hause, um uns von unserer Mutter einen Groschen für ein Eis zu holen.

Wenn wir Appetit auf Bonbons oder Eis bekamen, zog es uns zu einer der vielen Trinkhallen, wie dieses kleine Büdchen am Bergmannsplatz.

Chronik

1969
Die Aufschüttung des großen Aussichtshügels auf der Sechs-Seen-Platte beginnt. Erst nach einigen Jahren hat der aus Bau- und Trümmerschutt erschaffene Berg die Höhe von 30 Metern erreicht. Heute ist der Hügel dicht bewaldet. Der hölzerne Aussichtsturm ist durch ein Feuer vernichtet worden und wurde durch einen neuen aus Metall ersetzt.

14. Mai 1970
Die Befreiung von Andreas Baader unter Mitwirkung von Ulrike Meinhof gilt als Geburtsstunde der Rote Armee Fraktion (RAF).

18. September 1970
Das 27-jährige Rock-Idol Jimi Hendrix stirbt an einer Überdosis Alkohol und Schlaftabletten.

8. April 1971
Der US-Präsident Richard Nixon gibt den Abzug der ersten 100 000 Soldaten aus Vietnam bekannt.

7. August 1972
Eröffnung der Gesamthochschule. Duisburg wird damit zu einer Universitätsstadt.

6. Februar 1973
Die August-Thyssen-Hütte nimmt den „Schwarzen Riesen“, den größten Hochofen Europas in Betrieb.

25. November 1973
Wegen der Ölkrise kommt es zum autofreien Sonntag. Die Autobahnen gehören an diesem Tag Radfahrern und Fußgängern.

19. Mai 1974
Das Schifffahrtsmuseum in Duisburg-Ruhrort wird an Bord der „Oscar Huber“ eröffnet.

An Sonntagen war allerdings alles anders. Da wurden wir fein angezogen. Die Mädchen trugen hübsche Kleidchen und die Jungen mussten ihre Lederhosen im Schrank lassen und Stoffhosen anziehen. Unsere Eltern wiesen uns eindringlich darauf hin, dass wir uns am Sonntag nicht dreckig machen durften. Oft schickten uns die Eltern sonntags ins Kino um die Ecke. Um zehn Uhr war Kindervorstellung. Da liefen dann Filme wie Micky Maus, Tom und Jerry oder Dick und Doof.
Ein ganz besonderer Tag war, je nach Konfession, die Kommunion oder die Konfirmation. An diesem Tag regnete es Geldgeschenke und alles drehte sich nur um uns.

Der „Schornsteinfegerfotograf" hat zugeschlagen.

Ein Kommunionskind wurde natürlich auch vom Fotografen abgelichtet.

Der Schornsteinfegerfotograf

Es war auch die Zeit, in der der „Schornsteinfegerfotograf" durch Duisburgs Straßen zog. Er setzte uns Kindern einen Zylinderhut auf und legte uns eine kleine Leiter mit einem Kleeblatt und einem Hufeisen über die Schulter. Dann fotografierte er uns. Diese Fotos verkaufte er unseren Eltern. Sie waren für die damalige Zeit nicht billig, aber die Eltern waren von diesen schönen Aufnahmen ihrer Sprösslinge so angetan, dass sie fast alle so ein Foto kauften.

Zum Picknick in die Ruhrwiesen

In den Sommermonaten machten wir oft Familienausflüge. Da ging es zum Picknick oft in die Ruhrwiesen oder in die Wälder, die es in und um Duisburg herum reichlich gab. Ein sehr beliebtes Ziel war das Rotbachtal. Wir fuhren aber auch regelmäßig zu einem der Badeseen. Wenn Vater aber ankündigte, dass wir eine Autotour in die Eifel oder in das Sauerland machten, freuten wir uns besonders, denn einen richtigen Urlaub konnte sich damals kaum eine Familie leisten. Natürlich träumten unsere Eltern vom Urlaub, wenn sie in der WAZ lasen, dass der Reiseveranstalter P. Müller fünf Tage Paris für nur 90,- DM anbot, aber 90,- DM waren damals viel Geld.

Das Schönste auf der Kirmes war für uns das Kinderkarussell.

Um 1970 im Kino

Hier eine kleine Auswahl der Kinohits, die im Februar 1970 in den Duisburger Kinos liefen.
Atelier: „Ein toller Käfer"
Europa: „Frankenstein sucht neue Opfer"
Park Theater: „Im Garten der Lust"
City: „Alle Kätzchen naschen gern"
Europa: „Django, die Geier warten schon"
Residenz: „Nicht fummeln Liebling", ein Film, mit dem sich Gila von Weitershausen einen Namen machte.

Die Beeker Kirmes

Es war immer ein besonderes Ereignis, wenn unsere Eltern sagten: „Kommt, wir gehen zur Kirmes." Das hörten wir Duisburger Kinder sehr oft, denn in irgendeinem Stadtteil war diesbezüglich immer etwas los. Doch wenn im August die Beeker Kirmes eröffnete, war das der Höhepunkt aller Kirmesbesuche. Noch heute ist die Beeker Kirmes der größte Rummel am gesamten Niederrhein. Dieses Gigaereignis findet auf den Straßen und Plätzen des Stadtteils Beek zwischen der König Brauerei und der Autobahn 42 statt. Früher, zu unserer Zeit, war die Kirmes noch größer. Da waren Riesenrad und Achterbahn noch dort zu finden, wo heute die Trasse der A 42 verläuft. Auf der Kirmes erlebten wir Kinder unvergessene

Momente. Wer erinnert sich nicht gerne daran, wie es war, auf dem Kinderkarussell im Feuerwehrauto zu sitzen und dabei laut die Glocke zu läuten? Wenn unsere Eltern uns an einer der Buden auf dem Beeker Markt ein großes Lebkuchenherz kauften, zog manchmal ein starker Hopfengeruch von der König Brauerei über den Platz. Unvergessen bleibt auch die Fahrt mit dem Riesenrad. Wenn die Gondel ganz oben anhielt, konnte man aus dieser Höhe fast die ganze Stadt überblicken.

Auch für die Eltern gab es auf der Beeker Kirmes immer etwas ganz Besonderes, die Fistanölleken. Dahinter verbirgt sich ein Getränk, welches es weltweit nur auf dieser einen Kirmes gibt. Ein Fistanölleken ist ein Schnaps mit einem Zuckerwürfel und, je nach Variation, mit Rosinen oder Kaffeebohnen. Wir Kinder freuten uns, wenn die Erwachsenen ihre Fistanölleken tankten, denn währenddessen durften wir noch ein paar Extrarunden auf dem Karussell drehen.

Nach dem Kirmesbesuch auf der Friedrich-Ebert-Straße. Die Kirmeserrungenschaften: Eine kleine Tröte am Revers, ein Windrad in der Hand und ein Lebkuchenherz um den Hals.

Die geliebte Winterzeit

Immer wenn der erste Schnee fiel, war die Aufregung bei uns Kindern groß. Dann mussten unsere Eltern sofort in die Keller gehen und die Schlitten rausholen. Für uns hieß es, warme Kleidung anziehen und ab nach draußen. Wir rollten riesige Schneekugeln zusammen und bauten daraus große Schneemänner. Manchmal mussten wir sogar Erwachsene um Hilfe bitten, weil wir die schweren Schneekugeln mit eigener Kraft nicht aufeinanderstapeln konnten. Bald schon gab es auch die ersten Schneeballschlachten gegen „die vom anderen Häuserblock". Folglich auch die ersten weinenden Kinder. Es tat weh, wenn man einen Schneeball, in den „versehentlich" ein Stein mit eingerollt wurde, vor den Kopf bekam.

Wenn es über Nacht so richtig viel dazugeschneit hatte, dann war es ein großes Vergnügen, selbst die ersten Spuren in dem Schnee zu hinterlassen. Meist hielt die weiße Pracht aber nicht lange an, denn wenn es nicht regelmäßig dazuschneite, dann wurde der Schnee von Tag zu Tag immer dunkler. Das lag daran, dass die meisten Duisburger noch mit Kohleöfen heizten. So legte sich eine dünne Rußschicht auf den Schnee.

Was war es doch toll, dass uns Duisburger Kindern damals schon zwei große Rodelberge zur Verfügung standen. Der eine befindet sich am Kaiserberg und der andere im Hamborner Jubiläumshain. Je mehr gerodelt wurde, desto schneller wurde die Bahn. Bald schon gehörte eine Menge Mut dazu, sich mit dem Schlitten auf die Piste zu wagen. Die Vorsichtigen saßen auf den Schlitten und bremsten die Fahrt mit den Füßen ab. Die Wagemutigen aber legten sich auf ihr Gefährt und

Die zugeschneite Ziegelhorststraße. Dort, wo rechts auf dem Bild noch die alte Polizeikaserne zu sehen ist, steht heute ein großer Supermarkt.

begaben sich so auf die „todesmutige" Fahrt. Manch einer erreichte das Ende der Rodelbahn nicht, weil er bereits vorher in den Büschen landete. Am Fuß des Rodelbergs im Jubiläumshain befindet sich ein großer Goldfischteich. Wer hier beim Rodeln von der Bahn abkam, lief Gefahr, auf das zugefrorene Gewässer zu knallen. Natürlich kannten wir die Schilder, auf denen zu lesen war: Benutzung der Rodelbahn auf eigene Gefahr. Wir wussten auch, dass sich in jedem Winter einige Kinder beim Rodeln verletzten. Dennoch nahmen wir das Risiko in Kauf. Was wäre ein Winter ohne unser Rodelvergnügen gewesen?

Duisburger Weihnachten

Zu unserer Zeit war Weihnachten noch beschaulich. Auch wenn es in der heutigen Zeit üblich ist, dass bereits im Oktober die ersten Nikoläuse aus Schokolade in den Läden stehen, so begann für uns die Weihnachtszeit erst mit dem ersten Advent. Da wurde feierlich die erste Kerze am Adventkranz angezündet und wir Kinder waren entzückt. Es gab in ganz Duisburg noch keine Lichterketten an den Häusern und in keinem Fenster konnte man blinkende Sterne sehen.

Der erste Höhepunkt der Weihnachtszeit war Nikolaus. Oft fanden wir am 6. Dezember morgens einen Teller oder einen Stiefel, gefüllt mit Süßigkeiten vor. Manchmal klopfte es aber auch am Nikolausabend an der Tür und der Nikolaus kam persönlich zu uns, oft begleitet von Knecht Ruprecht. Mann, was hatten wir alle vor diesem schwarzen Mann Angst.

Damals hatte jede Duisburger Gaststätte auch einen Sparclub, in dem auch unsere Eltern waren. Auch dort erschien für uns Kinder dann der Nikolaus und brachte im Rahmen einer Feierlichkeit Geschenke mit. Das war für uns immer sehr auf-

Wenn der Nikolaus in die Kneipe kam, hatten wir Kinder einen großen Respekt.

regend, denn es gab kein Kind, welches vor dem Nikolaus keinen großen Respekt hatte. Nachdem der Nikolaus die Gaststätte wieder verlassen hatte, saßen wir Kinder noch lange zusammen und tranken gläserweise Limonade. Unsere Eltern waren eher den alkoholischen Getränken zugetan. Die Mütter tranken ein Likörchen und die Väter sagten zum Wirt: „Mach ma noch ein mit 'nen Kurzen fertich." Daraufhin bekamen die Väter ein Pils und einen Korn.

Die Weihnachtszeit war für uns auch die Zeit der Schaufensterbummel. Wenn es am späten Nachmittag zu dämmern begann, gingen die Mutter mit uns „in die Stadt" und wir sahen uns gemeinsam die weihnachtlichen Auslagen in den hell beleuchteten Schaufenstern an. Uns Kinder interessierten natürlich in erster Linie die Spielwarengeschäfte. Die Mädchen bestaunten Puppenwagen, Puppenhäuser und kleine Spielküchen. Die Jungen interessierten sich für die Modelleisenbahn, die im Schaufenster ihre Runden drehte, für die Carrera-Bahn und für den großen Spielzeugbaukran.

Kurz vor Weihnachten änderte sich das Duisburger Stadtbild, denn an vielen Hauswänden hingen Tannenbäume. Damit die Bäume nicht vorzeitig

Weihnachten Anfang der Sechziger. Trotz der eher bescheidenen Geschenke waren wir glücklich.

nadelten, mussten sie kühl gelagert werden. Viele Leute hatten aber keinen Garten und auch keinen Balkon. Was bot sich da Besseres an, als die Tannenbäume an einer Schnur zu befestigen und sie einfach aus dem Fenster zu hängen?

Und dann kam endlich der Tag der Tage, Heilig Abend. Am liebsten hätten wir die Vormittags- und die Mittagszeit einfach ausgestrichen, denn wir konnten es kaum erwarten, dass es endlich dunkel wurde. Nachmittags lief im Fernseher die Sendung „Wir warten aufs Christkind". Dort wurden dann Filme wie „Peterchens Mondfahrt" oder „Rudolf Rotnase" gezeigt. Schließlich war es endlich so weit. Der Tannenbaum wurde geschmückt. „Kommt, Kinder", meinte unsere Mutter, nachdem der Baum geschmückt war, „wir wollen doch mal sehen, ob das Christkind schon irgendwo war." Wir zogen uns an und gingen mit der Mutter hinaus auf die Straße. Vater blieb zuhause, denn er musste ja das Christkind in die Wohnung lassen. Draußen hielten wir Ausschau, hinter welchen Fenstern schon ein Tannenbaum brannte. In der ersten Hälfte der Sechziger gab es kaum elektrische Baumbeleuchtung, und deshalb brannten an den Tannenbäumen noch überwiegend richtige Kerzen. Als wir Kinder hier und da schon beleuchtete Bäume sahen, wuchs die Aufregung. Wir wussten, dass bei unserer Rückkehr auch bei uns das Christkind da gewesen war. Dann war es so weit. Wir betraten unsere Wohnung. Der Tannenbaum brannte und darunter lagen die Geschenke. Die Mädchen freuten sich über ein neues Puppenbett mit der dazugehörenden Puppe oder über die kleine Küche, in die man einen kleinen Esbitwürfel legen konnte, um damit richtig zu kochen. Für die Jungen lag die erste Modelleisenbahn oder Carrera-Bahn unter dem Baum. Da waren die neuen Strümpfe oder Schals, die das Christkind bei Oma gelassen hatte, nur noch Nebensache.

Auch Ende der Sechziger brannten an vielen Weihnachtsbäumen noch echte Kerzen.

Der Spagettiknoten

Als im Jahr 1969 das Autobahnkreuz Duisburg-Kaiserberg eröffnet wurde, jubelten die vielen Autofahrer, die sich lange Zeit mit dieser Autobahngroßbaustelle herumschlagen mussten. Hier trafen damals A2, A3 und A430 zusammen (heute A3 und A40). Der westliche Abschnitt der A40, die als Ruhrschnellweg bekannt ist, und der A3 wurde 1974 fertiggestellt. Der Anschluss im östlichen Bereich der A40 wurde 1977 vollendet.

Der architektonisch neuartige Straßenverlauf der Zubringer hatte mit den normalen Autobahnknoten nicht viel gemeinsam. Deshalb war das Autobahnkreuz bald schon als „Spagettiknoten" in aller Munde. In der Tat sieht dieser Autobahnknoten von oben gesehen aus wie eine kleine Portion Spagetti. So ist es auch nicht verwunderlich, dass in diesem Gewirr aus Zubringern selbst heute noch so mancher Autofahrer feststellen muss, dass er die falsche Richtung eingeschlagen hat.

Uns Kinder störte die Verwirrung unter den Autofahrern nicht. Wir standen oft oben auf dem Kaiserberg und blickten staunend von der Aussichtsplattform des Duisburger Zoos hinab auf den neuen Spagettiknoten, den wir ganz toll fanden. Autobahnkreuze gab es überall, aber einen Spagettiknoten gab es nur in Duisburg.

Der Kleingarten gehörte dazu

Nach und nach entstanden überall im Duisburger Stadtgebiet neue Kleingartenanlagen und jeder, der so eine Parzelle ergatterte, konnte sich glücklich schätzen. Ein Leben im Kleingarten bedeutete Zusammenhalt und Nachbarschaftshilfe. Das begann bereits beim Bau der Gartenlauben. Da stand nicht nur einer dem anderen mit guten Ratschlägen zur Seite, es wurde auch, wo es ging, mit angefasst. Kaum standen die ersten Lauben, da machte man sich daran, dem Garten sein Aussehen zu verpassen. Vor die Laube kam eine Terrasse. Davor waren meist eine kleine Rasenfläche und ein paar bunte Blumenbeete. Das übrige Grundstück wurde zum Nutzgarten umgewandelt. Es gab ein paar Obstbäume, üblicherweise Apfel, Birne, Pflaume und Kirsche. Am Gartenrand standen Stachel- und Johannisbeersträucher. Gleich neben der Mistkuhle wuchs der Rhabarber. Auf dem eigentlichen „Acker" pflanzte man, neben

Eine gemütliche Laube, bunte Blumen und viel Gemüse. So musste ein Kleingarten aussehen.

Kleingarten vor typisch Duisburger Kulisse.

sämtlichen Kohlsorten, auch Möhren, Zwiebeln und Kartoffeln an. So konnten unsere Eltern als Selbstversorger viel Geld sparen. Wenn Erntezeit war, hatten unsere Mütter viel Arbeit, denn dann wurde ein Teil der Ernte eingekocht, um auch noch in den Wintermonaten etwas vom eigenen Anbau zu haben. Natürlich gab es in jedem Garten auch ein Erdbeerbeet, welches für uns Kinder der schönste Teil des Nutzgartens war. Kaum waren die ersten Erdbeeren rot, machten wir Kinder uns darüber her. Trotzdem blieben noch genug Früchte zum Einkochen übrig und wir freuten uns, wenn es dann im Winter einen Erdbeerboden gab.

Wenn die tägliche Gartenarbeit getan war, dann zeigte sich, dass Kleingärtner nicht nur Leute waren, die kräftig zupacken konnten, sondern sie auch außergewöhnlich trinkfest waren. Dann saßen die Gartennachbarn am Wochenende bis in die Nacht zusammen und ließen den Tag feuchtfröhlich ausklingen. Wir Kinder lagen dann oft schon in den Gartenlauben und schliefen.

Zu den Höhepunkten gehörten die jährlichen Gartenfeste. Da stellten die Erwachsenen für uns Kinder immer ein buntes Programm zusammen. Zu diesem Fest brachten wir auch unsere Freunde, deren Eltern keinen Garten hatten, mit. Es gab Wettbewerbe im Sackhüpfen, Eierlaufen, Ballwerfen und Torwandschießen. Natürlich war auch für unser leibliches Wohl gesorgt. Es gab Kuchen, es wurden Waffeln gebacken und dann wurde auch der große Grill angeheizt, von dem bald schon der Geruch von Koteletts und Würstchen aufstieg. Während wir Kinder dazu süße Limonade tranken, hatten unsere Eltern, wie es sich für anständige Kleingärtner gehörte, bereits das erste Bierfass angestochen.

Eine Attraktion: das Eisbärengehege im Duisburger Zoo.

Ein Besuch im Tierpark

Einmal im Jahr fuhren unsere Eltern mit uns Kindern in den Duisburger Zoo, der damals noch Tierpark hieß. Wer noch kein eigenes Auto hatte, musste mit dem Bus und der Straßenbahn in den Zoo fahren. Man konnte damals beim Busfahrer eine Fahrkarte kaufen, die gleichzeitig die Eintrittskarte für den Tierpark war. Je nachdem, aus welchem Stadtteil man kam, musste man in die Straßenbahn umsteigen. Die Bahnen hielten direkt vor dem Zooeingang.

Wir Kinder konnten es kaum erwarten, vor den großen Elefanten und Giraffen zu stehen. Auch die Löwen und die Braunbären betrachteten wir mit einer gehörigen Portion Respekt. Wenn sich einer der Bären aufrichtete und auf seinen Hinterbeinen stand, machten wir unwillkürlich einen Schritt zurück. Das große Gehege, auf dem neben Büffeln und Zebras auch Nashörner herumliefen, faszinierte uns genauso, wie das Vogelhaus oder das große Aquarium, in dem damals auch die Schlangen und die gefährlichen Krokodile untergebracht waren. Direkt neben den Anlagen der Robben und Seehunde war das verglaste Gebäude mit den Königspinguinen, die dort unter arktischen Bedingungen leben konnten. Nur wenige Meter daneben gab es eine weitere Attraktion, die Eisbären. Diese gefährlichen Räuber lebten in einem ganz besonderen Gehege, einer mit Wasser umgebenen Halbinsel. Der Aufbau dieser Halbinsel hatte den Charakter von zusammengeschobenen Eisschollen. Das Gehege glich einem tiefen, halbrunden Kessel, der oben von einer Mauer umgeben war. Am oberen, inneren Rand dieser Mauer ragten, aus Sicherheitsgründen, nach unten gebogene Stahlspitzen in das Gehege. An manchen Tagen musste man sich einen Weg durch die Menge der Zoobesucher bahnen, um auch einen Blick über diese Mauer auf die Eisbären zu werfen. Der Tierpark war sehr groß und um zu den Tigern zu gelangen, mussten wir die Zooseite wechseln. Dabei mussten wir über eine Brücke gehen, die über eine Gleisanlage und die Autobahn führte. Damals überquerte man die Autobahn noch auf der berühmten Expobrücke, die ein Beitrag zur Weltausstellung war. Auf dieser Seite des Duisburger Zoos lag auch das Äquatorium, Europas größtes Affenhaus. Obwohl die meisten Affen in den wärmeren Jahreszeiten in den Außengehegen untergebracht waren, mussten wir Kinder uns oft die Ohren zuhalten, wenn wir das Innere des Affenhauses betraten. Die Geräuschkulisse, die von den Brüllaffen verursacht wurde, war kaum zu ertragen. Unweit vom Affenhaus lag die für uns Kinder größte Attraktion, das Delphinarium. Wir Duisburger Kinder waren stolz darauf, dass unser Tierpark Europas erster Binnenzoo war, der Delphine hielt. Hier konnte man den Flipper, den man sonst nur aus dem Fernseher kannte, in natura sehen. Wir waren von den meterhohen Sprüngen und den anderen Kunststücken der Delphine begeistert. In jeder Delphin-Vorstellung wurde unter den Zoobesuchern ein Kind ausgesucht, welches sich in ein kleines Boot setzen durfte. Dieses Boot wurde dann von einem der Delphine an einer Leine ein paar Runden durch das Becken gezogen. Danach reichte das Kind dem Delphin als Belohnung noch einen Fisch. Neben dem Delphinarium lag das Walarium, eine weitere Attraktion. Dort schwammen in einem großen, offenen Becken zwei weiße Belugawale herum. Weitere Bewohner dieses Beckens waren mehrere kleine, schwarz-weiß gefärbte Jakobita-Delphine. Auch hier gab es regelmäßig Vorstellungen. Wenn dann die Wale ihre mächtigen Körper aus dem Wasser schoben, um einen Fisch zu erhaschen, ging jedes Mal ein Raunen durch die Zuschauermenge, und wenn die kleinen Jakobitas durch einen Ring, den einer der Wale mit dem Maul hochhielt, sprang, gab es Szenenapplaus.

So ein Zoobesuch nahm einen ganzen Tag in Anspruch und machte natürlich auch hungrig. Zum Glück gab es schon damals den Zookiosk. Dort gab es für uns dann eine Riesenbockwurst und eine Portion Pommes.

Die Wale und die kleinen Jakobitas gibt es im heutigen Zoo nicht mehr. Ebenso gehören die Eisbären zur Vergangenheit des Tierparks. Was uns aber bleibt, ist die Erinnerung an die Zeit, als wir diese beeindruckenden Tiere noch bewundern konnten.

Unvergessen: das Walarium des Duisburger Zoos.

Was kostete wie viel?

Die Mietpreise Anfang der Siebzigerjahre lagen für eine 2- bis 3-Zimmerwohnung in Duisburg bei 130 bis 220 DM. Für neuere 4-Zimmerwohnungen musste man monatlich im Durchschnitt 300 bis 350 DM ausgeben.

Sonderangebote im Februar 1970
Coop:
Rinderbraten, 500 g – 3,98 DM
Gehacktes, 500 g – 2,98 DM
Koteletts, 500 g – 3,38 DM
Rindergulasch, 500 g – 3,38 DM
Rinderrouladen, 500 g – 4,18 DM

Accos:
May Bohnenkaffee, 250 g – 2,95 DM
Fleischsalat, 300 g – 0,88 DM
Kalbsleberwurst, 100 g – 0,78 DM
Schweineschulter, 500 g – 2,28 DM

Das Logo des MSV.

Zebrastreifen weiß und blau

Ein anständiger Duisburger Jung musste auch Fußball spielen können. Nachdem man als Kind bereits auf den staubigen Hinterhöfen das Kicken erlernt hatte, zog es viele von uns bald in einen der zahlreichen Fußballvereine, die es in Duisburg gab. Der bekannteste Verein war auch schon zu unserer Zeit der MSV. Der „Meidericher Sport Verein“, wie er anfänglich noch hieß, war von Beginn an in der Bundesliga. Genau am 6. Mai 1963 kam die Nachricht, dass der MSV in die neu gegründete Fußballbundesliga aufgenommen war. In der Saison 1963/1964 erreichte der MSV sogar den zweiten Platz, die Deutsche Vizemeisterschaft. Ab 1970 machte Bernhard Dietz den Verein zum „MSV Dietzburg“. „Ennatz“, wie wir ihn liebevoll nannten, wurde sogar der Kapitän der Deutschen Nationalmannschaft. Unvergessen bleibt das Spiel

Die MSV-Bundesligamannschaft 1970.

vom 5. November 1977, MSV gegen Bayern München. Unser Ennatz schoss beim 6:3-Sieg des MSV gegen den Nationaltorwart Sepp Meier allein vier Tore. Im altehrwürdigen Wedaustadion wurde damals nur die alte Hymne gesungen: „Zebrastreifen, weiß und blau, Zebrastreifen, weiß und blau, ein jeder weiß genau, das ist der MSV." Der MSV Duisburg spielte von 1963 bis 1982 ununterbrochen in der ersten Bundesliga. Erst dann erfolgte der erste Abstieg in die Zweite Liga.

Kees Bregmann, Torwart Gerhard Heinze und vorne unser Ennatz Dietz.

Wie oft haben wir beim MSV-Training zugesehen?

Fußball ist unser Leben

Tip und Tap, die Maskottchen der WM 1974.

Unsere Fußballbegeisterung galt natürlich auch der Nationalmannschaft. Begehrt waren die Sammelbilder, auf denen unsere Lieblinge Beckenbauer, Breitner und Co. abgebildet waren. Da wurden schon mal ein Bonhof und ein Hölzenbein gegen einen Gerd Müller eingetauscht. Nachdem Deutschland 1972 Fußballeuropameister geworden war, schwappte die Begeisterung zwei Jahre später bei der Weltmeisterschaft über. Zuhause an der Wand hing nicht nur ein Poster der Nationalmannschaft, sondern auch ein Bild von Tip und Tap, den Maskottchen der WM. Wenn aus dem Radio der aktuelle Song, den unsere Elf eigens für die Weltmeisterschaft aufgenommen hatte, erklang, sangen wir alle mit: „Fußball ist unser Leben, denn König Fußball regiert die Welt." Dann stand das Endspiel vor der Tür, Deutschland gegen Holland. Es war ein für uns alle unvergessenes Spiel, Elfmeter Holland, 0:1, Elfmeter Deutschland, 1:1, und als Gerd Müller den Ball zum 2:1 über die Torlinie schob, war der Jubel groß. Nach dem herbeigesehnten Abpfiff stand fest: Deutschland ist Weltmeister. Was war das für eine unvergessene Euphorie. Auf Duisburgs Straßen wurde gefeiert. Die Leute fielen sich in die Arme und es wurde gesungen und getanzt. Obwohl es damals noch nicht üblich war, sah man auf der Duisburger Straße den ersten Autokorso fahren. Er bestand allerdings nur aus sieben hupenden Fahrzeugen.

Diese WM war für die Duisburger Fußballvereine etwas sehr Positives, denn es gab einen deutlichen Anstieg bei den Neuanmeldungen. Nun wollte jeder ein Beckenbauer werden.

Der schwarze Riese

Am 6. Februar 1973 wurde in Duisburg der größte Hochofen Europas angeblasen. Zu diesem Ereignis hatte der Direktor der August-Thyssen-Hütte, Herman Brandi, fünfhundert Gäste eingeladen. Der Ofen Schwelgern 1 wurde im Volksmund als „schwarzer Riese" bezeichnet. Dieser gigantische Ofen produzierte 10 000 Tonnen Roheisen pro Tag, eine Leistung, die bis heute anhält. Selbst noch in den heutigen Tagen zählt der schwarze Riese zu den größten Hochöfen der Welt.

Europas größter Hochofen, der schwarze Riese.

Kettcar ade

Bereits als Kind wechselte man regelmäßig den fahrbaren Untersatz. Nachdem man sich zunächst mit einem Kinderwagen auf Duisburgs Straßen präsentiert hatte, stieg man auf das Dreirad um, denn damit konnte man sich selbstständig fortbewegen. Nach dem Dreirad folgten der Tretroller, das Kettcar und irgendwann das erste kleine Fahrrad, anfangs noch mit Stützrädern, doch dann kam der Tag, als wir das Radfahren beherrschten. Das erste richtige Fahrrad wurde zu unserem wichtigsten Fortbewegungsmittel und begleitete uns bis in die Jugend. Auch wenn die Oma am anderen Ende der Stadt, zwanzig Kilometer entfernt, wohnte, so war das in etwas mehr als einer Stunde zu schaffen. Das Fahrrad machte uns unabhängig und endlich konnten wir auch mal ohne die Eltern zu den Schwimmbädern oder Badeseen fahren. Natürlich durften die Eltern nicht alles wissen, was wir so unternahmen. Wenn wir sagten, dass wir nach Meiderich fahren, um im Rhein-Herne-Kanal schwimmen zu gehen, war das zwar richtig, doch wie dieses Schwimmen aussah, durften die Eltern nicht wissen. Der Treffpunkt am Kanal war unmittelbar unter einer großen Brücke. Dort versammelten sich die Kinder aus vielen Stadtteilen. Natürlich beobachteten wir gerne den regen Schiffsverkehr, doch der Hauptgrund für das Treffen war der Brückensprung. Wir begaben uns auf die Brücke, passten eine Lücke zwischen den durchfahrenden Schiffen ab, und sprangen ins Wasser. Es gab sogar einige besonders Mutige, die auf einen der Brückenbögen hinaufkletterten und von dort sprangen. Ein weiteres Vergnügen war es, die vorbeifahrenden Schiffe anzuschwimmen, um sich daran hochzuziehen. Das funktionierte allerdings nur bei schwer beladenen Schiffen. Wir kletterten an Bord und rannten zum Bug, um beim Sprung zurück ins Wasser möglichst weit weg von der Schiffschraube zu sein. Wenn die wütenden Schiffer schimpfend auf uns zugelaufen kamen, waren wir meist schon im rettenden Wasser. Es grenzte schon an ein Wunder, dass dabei niemals etwas passiert ist.

Auch wenn es noch Stützrädern bedurfte, Fahrrad fahren war schön.

Unsere geliebte Achse

Um die Bundesstraße 8, die durch den stets wachsenden Autoverkehr zu verstopfen drohte, zu entlasten, baute man Anfang der Sechzigerjahre parallel dazu eine Stadtautobahn durch Duisburg, die A59. Sie bekam die offizielle Bezeichnung „Nord-Süd-Achse". In der Duisburger Bevölkerung wurde diese Autobahn schlicht und einfach nur „Achse" genannt. Wenn ein Duisburger seine Stadt von Norden nach Süden durchquert, dann sagt er auch heute noch: „Ich fahr' über die Achse", und jeder weiß, was er damit meint. Am 6. September 1963 eröffnete Willy Brandt feierlich die Berliner Brücke, die ein Teil der neuen Nord-Süd-Achse war. Dieses Bauwerk gehörte mit einer Länge von 1824 Metern zu den längsten Straßenbrücken Deutschlands. Von Duisburg-Meiderich aus überquerte die Berliner Brücke die Hafenbecken von Ruhrort, den Rhein-Herne-Kanal, die Ruhr und den Duisburger Innenhafen.

Die Stadtautobahn reichte anfänglich von der Warbruckstraße in Duisburg-Marxloh im Norden bis nach Duisburg, Düsseldorfer Straße, Einmündung Heerstraße im Süden. Der weitere Ausbau der Achse erfolgte erst nach und nach. Heute endet die Stadtautobahn im Norden an der Stadtgrenze zu Dinslaken und im Süden an der Stadtgrenze zu Düsseldorf. Sie hat heute im Duisburger Stadtgebiet eine Länge von 22 Autobahnkilometern und wird täglich von bis zu 100 000 Fahrzeugen frequentiert.

Das Ende der verschworenen Gemeinschaft

Hatten wir in der Schule eine gute Leistung erbracht, wechselten wir zum Gymnasium oder zur Realschule. Für die meisten ging der schulische Werdegang aber über die Hauptschule weiter. In den letzten Jahren, die wir in der Schule verbrachten, war unsere Klasse zu einer verschworenen Gemeinschaft geworden. Wir hielten zusammen wie Pech und Schwefel, ganz beson-

Eine Tagesfahrt mit der ganzen Klasse nach Schlossburg gehörte dazu.

ders den Lehrern gegenüber. Es war die Zeit, in der die Noten der Fächer Betragen, Beteiligung am Unterricht und Häuslicher Fleiß für einige schlecht ausfielen. Der Schulunterricht wurde durch Klassenausflüge, wie die obligatorische Tagestour nach Schlossburg, aufgelockert. Fahrten in das Schullandheim Remagen oder gar zur Ostseeinsel Fehmarn waren natürlich die absoluten Höhepunkte der letzten Schuljahre.

Dann kam der Punkt, an dem sich die Wege der meisten von uns trennten. Nach dem letzten Schuljahr wussten wir, dass die Sieger- oder Ehrenurkunden der Schulsportfeste, die zu Hause an den Wänden hingen, zu einem Teil unserer Vergangenheit geworden waren. Für einige von uns begann das Studium, für die meisten aber ging es in die Lehre. Das Lehrstellenangebot war riesig. Die meisten Ausbildungsplätze bot Duisburgs größter Arbeitgeber, die August-Thyssen-Hütte an. Je nach Schulabschluss erlernte man dort die Berufe Schlosser, Schweißer oder Dreher, oder man machte eine Ausbildung in den Büroetagen des Konzerns.

Unser Lieblingstanz: Der Beat.

Die Tanzschulzeit

Natürlich mussten wir, nach der Meinung unserer Eltern, um gesellschaftsfähig zu sein, wenigstens ein paar Standardtänze lernen. Da hieß es: Ab in die Tanzschule. Es war eine wunderbare Zeit, denn es wuchs nicht nur die Begeisterung für den Tanz, sondern man lernte viele neue Freunde kennen und hatte eine Menge Spaß. Im Grundkurs lernte man Foxtrott, Jive und den langsamen Walzer. Da es vielen Jungen nicht lag, komplizierte Tanzschritte zu erlernen, bevorzugten diese in den Siebzigerjahren den einfachen Disco-Fox. Der Höhepunkt eines jeden Tanzkurses war natürlich der Abschlussball.

Tanzschulen gab es in Duisburg genug. Wer im Norden der Stadt wohnte, bevorzugte die Tanzschule Parker auf der Weseler Straße.

Als die Tanzschule Paulerberg 1974 eine neue Fassade bekam, trug die Danziger Straße noch einen Kopfsteinpflasterbelag.

Die Gruppe „The Guards“ bei einem Auftriff im Tanzschul-Beat-Club.

Die bekannteste Tanzschule in Duisburg war aber damals schon Paulerberg. Dieses Unternehmen blickt heute auf mehr als hundert Jahre Tanztradition zurück und wird von der Familie Paulerberg bereits in der vierten Generation betrieben. Harald Paulerberg hatte bereits in den Sechzigern die Zeichen der Zeit erkannt und gründete 1966 mit Harry's Beat-Club Deutschlands ersten Tanzschul-Beat-Club. Dort konnten wir in ganz ungezwungener Atmosphäre und in Freizeitkleidung die allerneuesten Beat- und Modetänze kennen lernen. Dazu wurden dann immer die aktuellen

Die Eintrittskarte zum Beatclub.

BEAT-PASSPORT

Harry's Beat-Club

Treffpunkt: samstags 19.45 Uhr und sonntags 17.00 Uhr

Karte nicht übertragbar

paulerberg

Duisburg

Danziger Str. 11-13 · Am Klöcknerhochhaus · Ruf 356209

Abschlussball: Die Tanzlehrer schreiten würdevoll voran.

Songs auf den Plattenteller gelegt. Der Beat-Club hatte sogar eine eigene Hitparade. Jeden Samstag wurden Stimmzettel verteilt und wir stimmten über unsere Lieblingssongs ab. „Mandy" von Barry Manilow hielt sich sogar vier Monate auf dem ersten Platz. Wenn dann samstags von 19 bis 22 Uhr HARRY'S BEAT-PARTY startete, dann strömten wir Jugendlichen zur Danziger Straße, dann war der Saal immer gerammelt voll. An diesen Abenden spielten regelmäßig führende Beat-Bands auf, die sich in unserem Kreis bereits einen Namen gemacht hatten.
Der Höhepunkt eines jeden Tanzkurses war natürlich der Abschlussball. Schließlich hatten wir lange auf diesen Höhepunkt hingearbeitet. Nach vielen Proben war es dann endlich so weit. Die Mädchen zogen ihre hübschesten Kleider an und auch die Jungen warfen sich so richtig in Schale und trugen zur Feier des Tages sogar Krawatten. Allen voran die Tanzlehrer, nahmen wir im großen Festsaal Aufstellung. Dann zeigten wir, was wir in unserer Tanzschulzeit alles gelernt hatten.
Auch wenn damals nicht jeder von den Standardtänzen begeistert war, heute sind wir oft froh darüber, dass wir den einen oder anderen Tanzschritt noch beherrschen.

70er Jahre

Kinofilme

Die Siebzigerjahre waren geprägt von Kung-Fu-Filmen und Gruselfilmen, wie „Die Nacht der lebenden Leichen". Die Kinoprogramme Ende der Siebziger wurden in unseren Augen immer fader. Da lief 1979 zum Beispiel im Residenz „Elliott, das Schmunzelmonster, im Europa „Tod auf dem Nil" und im Atelier „Und jetzt das Ganze noch einmal". Der einzige Film, zu dem wir wirklich begeistert hinströmten, lief im Gloria, „Zwei sind nicht zu bremsen", mit Bud Spencer und Terence Hill. Die beiden Haudegen waren die absoluten Kinohighlights der Siebziger. Wenn wir heute Filmtitel wie „Vier Fäuste für ein Halleluja", „Zwei Himmelhunde auf dem Weg zur Hölle", „Zwei wie Pech und Schwefel" oder „Das Krokodil und sein Nilpferd" hören, denken wir sofort an die Tränen, die wir seinerzeit vor Lachen vergossen hatten.

Sie brachten uns immer zum Lachen: Bud Spencer und Terence Hill.

Wir wurden die Aufmüpfigen

Mit der Jugend kam auch die Zeit, in der man sich nicht mehr an die Vorgaben der Eltern halten wollte. Wie oft hatte die Mutter mit uns geschimpft, wenn wir mal das Radio voll aufdrehten. Da wir damals keine andere Möglichkeit hatten, stellten wir unseren kleinen Kassettenrekorder direkt vor den Lautsprecher und nahmen uns die neusten Hits von Dave Dee, CCR, Mungo Jerry und Co. auf. Besonders bei den Jungen standen bald Rockbands wie Deep Purple, The Who oder Led Zeppelin ganz oben in der Beliebtheitsskala. Unsere Eltern mochten diese Musik nicht. Sie bezeich-

Natürlich hingen über dem Bett die Bravo-Poster unserer Stars.

neten das, was wir gerne hörten, als „englisches Gedudel" oder „Negermusik". Doch was gab es für uns Schöneres, als mit unseren Kassettenrekordern durch die Stadtteile zu ziehen und dabei unsere Musik zu präsentieren. Dabei wurde der Lautstärkeregler natürlich bis zum Anschlag aufgedreht. Von unserem Taschengeld kauften wir uns regelmäßig die Schallplatten mit unseren Lieblingshits. Wenn die Eltern mal nicht zuhause waren, wurden die Scheiben aufgelegt, dann wurde getestet, was die Lautsprecher hergaben. Was störten uns die Nachbarn, die sich zehn Mal hintereinander den gleichen Song in voller Lautstärke anhören mussten. Eine Beschwerde bei unseren Eltern war vorprogrammiert. Es gab eine Fernsehsendung, die wir niemals verpassten: Der Beat Club mit Uschi Nerke. Der Beat Club war die allererste Musiksendung, die auf uns Jugendliche zugeschnitten war. Wir konnten nicht nur unsere Musik hören, sondern dabei auch unsere Stars sehen.

In Schlaghosen und Miniröcken

Auch unser Outfit änderte sich drastisch. Die Jungen trugen Jeans, Wildlederboots mit Fransen und einen militärgrünen Parka. Bald schon kamen die Schlaghosen in Mode. Diese Hosen lagen an den Oberschenkeln eng an und waren unten herum so breit geschnitten, dass man manchmal die Schuhe nicht mehr sehen konnte. Die Mädchen trugen hohe Plateauschuhe in grellen Farben. Das Schuhwerk musste leuchtend gelb, rot, grün oder orange sein. Während bei den Mädchen die Röcke, bis hin zum knappen Minirock, immer kür-

Chronik

11. Januar 1975
Durch Eingemeindungen bekommt Duisburg fünf neue Stadtteile: Walsum, Homberg, Rheinhausen, Baerl und Rumeln–Kaldenhausen.

12. Mai 1975
Josef Krings wird neuer Oberbürgermeister der Stadt Duisburg.

31. Oktober 1975
Im Stadtteil Hamborn wird die Rhein-Ruhrhalle eröffnet, in der Fernsehsendungen wie „Wetten, dass ...?" veranstaltet werden.

26. Oktober 1976
Das älteste Gebäude in Duisburg, das Dreigiebelhaus, wird seiner neuen Bestimmung als Atelierhaus für Künstler übergeben.

1977
Erster Höhepunkt der Stahlkrise. In der Stahlstadt Duisburg gehen viele Arbeitsplätze verloren.

19. Januar 1978
Das Ende einer Legende: Der letzte in Deutschland gebaute VW-Käfer läuft vom Band.

13. April 1978
Die Gewissensprüfung für Wehrdienstverweigerer wird abgeschafft, für einige von uns zu spät.

17. Januar 1979
In Duisburg gibt es den allerersten Smogalarm.

9. Juni 1979
Im Stadtteil Hamborn wird der Revierpark Mattlerbusch eröffnet.

15. bis 19. August 1979
Die Kanuweltmeisterschaft findet in Duisburg statt.

Mit dem Gürtel über dem Pullover lag man voll im Trend.

zer wurden, wurde bei den Jungen etwas immer länger, nämlich die Haare. Nicht wenige junge Männer trugen die Haare so lang, dass man sie von hinten gesehen durchaus für eine Frau halten konnte. Was mussten wir uns von den Erwachsenen nicht alles anhören, wenn wir „Langhaarigen" durch die Duisburger Innenstadt flanierten. „Hippies", „Rocker" und „Gammler" wurden wir gescholten. Wenn man mal auf einer Bank im Kantpark saß, dann hörte man von vorbeikommenden älteren Herrschaften Kommentare wie: „Beim Adolf wäre so etwas nicht passiert." Und was dachten wir darüber: „Jetzt erst recht!" Wenn aber vor denselben älteren Herren die Mädchen mit den modernen heißen Höschen, den Hot Pants herliefen, dann blickten ihnen diese Kerle grinsend hinterher.

Oben: Große Brillen und enge Pullunder waren angesagt.

Links: Flanieren auf dem Sonnenwall, mit langen Haaren und Schlaghosen.

Ein neues Gesetz

Im Januar 1975 erhöhte sich die Anzahl der Erwachsenen in Duisburg mit einem Schlag erheblich. Das lag an einer Gesetzesänderung. Wer zum Beispiel im Dezember 1974 seinen einundzwanzigsten Geburtstag feierte, wurde damit laut Gesetz volljährig. Wer zu diesem Zeitpunkt erst achtzehn war, brauchte nur einen Monat zu warten, um ebenfalls volljährig zu sein, denn ab dem 1. Januar 1975 trat das neue Gesetz in Kraft. So wurden drei Jahrgänge über Nacht erwachsen.

Beat und Bier

Ein beliebter Treffpunkt für uns war der Gläserne Hut, ein Wahrzeichen Duisburgs, welches damals direkt neben der Stadtautobahn gegenüber der Hauptpost lag. Diese Gaststätte, die wir immer „Glasmann" nannten, hatte die Form eines riesigen Hutes, auf dessen Krempe man sich bei gutem Wetter nach draußen setzen konnte. Unvergessen ist auch die Pommesbude, die im unteren Teil des Gläsernen Hutes lag, denn da gab es Duisburgs beste Currywurst. Die Straßenbahnfahrt mit der damaligen Linie 1 von der Stadtmitte bis in den Duisburger Norden dauerte ungefähr eine halbe Stunde. Über die teilweise verachtenden Blicke, die uns „Hippies" von den älteren Fahrgästen zugeworfen wurden, haben wir nur müde gelächelt, denn uns gehörte die Welt.

Im Beatkeller ging die Post ab.

Zum Feiern tat es aber manchmal auch die Küche ...

Zum Glück gab es Eltern, die uns ihre ungenutzten Kellerräume zur Verfügung stellten. Darin legten wir dann alle Hand an und erschufen uns einen Beatkeller. Bald standen fast jeder Clique ein oder mehrere Beatkeller zur Verfügung. Dort spielten wir dann lautstark unsere Musik, wir tranken heimlich unser erstes Bier und manchmal machte auch ein Joint seine Runden. Natürlich hatte jeder Beatkeller auch eine Ecke, in der man ungestört herumknutschen konnte.

Zu unserer neu erworbenen Freiheit gehörten auch die Besuche bei Rockkonzerten, die damals in der Düsseldorfer Philipshalle oder in der Essener Grugahalle stattfanden. Wir Duisburger fuhren mit Bussen und Bahnen zu diesen Konzerten. Wenn die Veranstaltungen nachts zu Ende gingen, fuhren kaum noch öffentliche Verkehrsmittel. Da spazierten wir bis zur nächsten Autobahnauffahrt. Wie es in dieser Zeit so üblich war, hielten wir die Daumen hoch, um per Anhalter nach Hause zu kommen. Oft waren es an die fünfzig Jugendliche, die dort standen. Es dauerte nicht sehr lange, bis auch die letzten eine Mitfahrgelegenheit gefunden hatten. Die Autofahrer, die uns mitnahmen, waren meist selbst junge Leute, manchmal aber auch verständnisvolle Erwachsene. Damals war

... oder der Garten. Natürlich kam nur Duisburger Bier auf den Tisch, König-Pils.

Auf der Gitarre war ein großes Peace-Zeichen.

das „per Anhalter“-Fahren an der Tagesordnung. Man sah auch tagsüber an fast jeder Autobahnauffahrt junge Tramper stehen.

Wir werden mobil

Was war es doch toll, als wir sagen konnten: „Endlich sechzehn!“ Nun konnte der heiß begehrte Mopedführerschein gemacht werden. Wer Glück hatte, der bekam von den Eltern das Geld für ein Moped. Die meisten aber sparten eisern, um sich wenigstens einen gebrauchten „Bock“, wie wir liebevoll die Mopeds nannten, anschaffen zu können. Man fuhr eine Kreidler, eine Zündapp oder eine Herkules mit 50 ccm. Größere Motoren erlaubte der Führerschein nicht. Doch was auf der Welt konnte uns davon abhalten, unsere „Böcke“ zu frisieren? Die einen bauten sich ein kleineres Ritzel ein und einige ganz Schlaue feilten am Zylin-

Der Gläserne Hut

Die Gaststätte Gläserner Hut war nicht nur ein Wahrzeichen Duisburgs, sondern auch ein begehrter Treffpunkt für Jung und Alt. Als der Gläserne Hut 1956 eröffnet wurde, war sein Kern eigentlich als Wartehalle für die Fahrgäste der DVG gedacht. Auf der großen Sonnenterrasse des Restaurants fanden fast einhundert Menschen Platz. Im Keller des Gebäudes war die berühmte Schifferkneipe. Wenn man in dieser Kneipe saß, konnte man durch die Fenster, die wie große Bullaugen eines Schiffes geformt waren, direkt auf die Autos, die auf der Stadtautobahn vorbeirauschten, blicken. Obwohl der Gläserne Hut bei allen Duisburgern sehr beliebt war, wurde er Anfang der Achtzigerjahre im Zuge des U-Bahnbaus abgerissen.

Minirock und Mopeds, ein Gefühl der Freiheit.

derkopf herum. Das brachte mehr Leistung. Auf dem neuen Konrad-Adenauer-Ring im Stadtteil Neumühl traf man sich dann, um die frisierten Maschinen heimlich auszufahren, wenigstens, wenn keine Polizei in der Nähe war. Gab es etwas Schöneres, als mit einem Pulk Mopeds durch Duisburgs Straßen zu fahren? Niemand dachte daran, einen Helm oder einen Nierenschutz zu tragen, denn das war etwas für Weicheier. Jetzt waren wir endlich mobil und das wurde, besonders in den Sommermonaten, so richtig ausgenutzt. Nun wurden weitere Touren gemacht. Sehr beliebt waren die zahlreichen Baggerlöcher, die es außerhalb der Stadt, besonders im Norden und auf der anderen Rheinseite im Westen gab. Ein absoluter Geheimtipp unter der Duisburger Jugend war ein Baggerloch, ganz in der Nähe des Flughafens Schwarze Heide, welches mitten im Wald lag. Dort gab es sogar einen richtigen Sandstrand. Die Mopeds wurden auf einem Waldweg abgestellt. Dann folgte man zu Fuß einem Pfad durch den Wald und erreichte so das Badeparadies. Da konnte man sich ungestört der Freizügigkeit hingeben und sogar nackt baden.

Die große Eingemeindung

1975 wird Duisburg größer. Das im Norden liegende Walsum und die linksrheinischen Städte Homberg, Rheinhausen, Rumeln-Kaldenhausen und Baerl werden eingemeindet. Noch heute heißt es bei vielen Bürgern dieser Stadtteile: Wir fahren zum Einkaufen „rüber nach Duisburg". Damals waren aber die meisten Bürger der betroffenen Städte mit dieser Eingemeindung nicht einverstanden. Sie hatten nicht nur Angst, ihre Identität zu verlieren. Sie fürchteten auch, dass die Gelder, die der Stadt zur Verfügung standen, nur noch zum Ausbau der Duisburger Innenstadt benutzt würden und dass sie als neue Stadtteile außen vor blieben.
Die Landesregierung plante seinerzeit sogar, die Städte Moers, Kamp-Lintfort, Rheinberg, Neukirchen-Vluyn und Kapellen in die Stadt Duisburg einzugemeinden, doch diese Städte konnten sich erfolgreich dagegen wehren.

... und dann in die Disko

Wir lebten in Duisburg und das war gut so, denn wo sonst, wenn nicht in einer Großstadt, gab es dermaßen viele Diskotheken. Was werden da für Erinnerungen wach, wenn wir heute mal die Namen unserer Diskos hören. Scotchclub, Number One, Corso Diele, Coupe, Display, Mary Anne, Country Club, Old Daddy, City 2000 oder Espresso sind nur einige von ihnen. Der Discjockey, das Kürzel DJ gab es noch nicht, legte die Platten auf den Teller, auf die wir abfuhren. Und wenn dann „She's crazy like a fool" aus den Boxen dröhnte, strömten wir auf die Tanzfläche, denn bei Boney M. konnte man so richtig abzappeln. Die Jungen forderten die Mädchen zum Tanz auf, und natürlich auch umgekehrt. So richtig näher kommen konnte man sich, wenn der Discjockey die Schmusestunde einlegte. Wenn dann „A Whiter Shade Of Pale" von Procol Harum oder „Love Hurts" von

So änderte die König-Brauerei mit der Zeit ihre Flaschen. Ganz links, das waren unsere Flaschen, Köpi der 60er und 70er.

Nazareth auf dem Plattenteller lag, tanzten wir Arm in Arm, ganz nah beieinander. Daraus entstand so manche Liebelei und wenn wir heute diese Musik im Radio hören, dann sagen wir oft zu unseren Ehepartnern: „Weißt du noch? Bei diesem Song haben wir uns kennen gelernt“, dann kommen die wunderbarsten Erinnerungen wieder hoch. Es gab aber auch Diskos, in die man nur gehen konnte, wenn man die Leute darin kannte. Da waren immer wieder Typen, die meinten, jeden verprügeln zu müssen, der nicht in „ihre“ Disko gehörte. So war das MaryAnne in Hamborn dafür bekannt, dass es fast allabendlich eine Schlägerei vor der Türe gab. Andere Diskos waren dafür bekannt, dass dort regelmäßig der Joint herumging. Da strömte einem manchmal bereits der süßliche Rauch entgegen, wenn sich die Türe öffnete.

Was kostete wie viel?

Die Mietpreise für 2- bis 3-Zimmerwohnungen lagen 1979 in Duisburg bei 200 bis 350 DM. Für 4-Zimmerwohnungen musste man um die 400 bis 500 DM ausgeben.

Sonderangebote im Januar 1979
Großmarkt Cercek:
Rouladen, 500 g – 5,98 DM
Dicke Rippe, 500 g – 2,28 DM
Heilbutt, 250 g – 1,99 DM

Brockmann:
Schnitzen, 500 g – 4,78 DM
Schinkenbraten, 500 g – 4,48 DM
Rinderbraten, 500 g – 4,98 DM

Edeka:
Hähnchen, 2 Stk. je 1 kg – 6,98 DM
B&B Kondensmilch, 350-g-Dose – 0,99 DM
Onko Kaffee, 500 g – 7,99 DM

Das erste Auto

Die meisten Eltern hatten schon etwas auf die hohe Kante gelegt, um ihren Kindern zum achtzehnten Geburtstag den Führerscheinwunsch zu erfüllen. Damals kam man noch meistens mit zwölf bis 20 Fahrstunden aus, um den begehrten Lappen zu bekommen. Bei den Mädels waren es meist ein paar Fahrstunden mehr.

Als wir die Prüfung bestanden hatten, wurde gefeiert. Diese Feierlichkeit fand meinst im Café Krämer statt. Wir sagten dazu immer „Führerscheincafé Krämer“.

Wer den Führerschein schließlich in der Tasche hatte, durfte anfänglich mal mit dem Auto der Eltern fahren. Voller Stolz fuhr man dann auf der Königstraße, die damals noch nicht fußläufig war, hin und her. Schließlich sollte jeder auf der Flaniermeile sehen, dass man Auto fahren konnte. Irgendwann gab es endlich einen eigenen fahrbaren Untersatz. Die Mädchen bevorzugten einen Käfer oder eine Ente, selbstverständlich gebraucht. Diese Mädchenschaukeln wurden oft, passend zur „Flower-Power-Zeit“, mit bunten Blu-

Unser Ford Escort, natürlich „rennmäßig“ beklebt.

menmotiven verziert. Bei der männlichen Jugend war das ganz anders. Die Kultautos der Jungen waren, besonders anfangs der Siebziger, Fahrzeuge der Firma Ford. Da sollte es schon ein Escort oder ein Capri sein. Diese Wagen wurden natürlich erst einmal „zwischengenommen“, denn man wollte ja auffallen. Zunächst wurden zusätzliche Halogen- und Nebelscheinwerfer auf die Stoßstangen, die damals noch aus Metall waren, geschraubt. Dann wurden die Autos mit Rallyestreifen beklebt und bald schon verzierten Werbeaufkleber aus der Automobilbranche das Fahrzeug. So wurde man zur fahrenden Werbetafel von Aral, Texaco, Kleber, Michelin und Co. Es gab in Duisburg viele „Cliquen“, die sich mit ihren so ausgestatteten Autos zusammentaten, um gemeinsam zu den Autorennen auf den Nürburgring oder in Spa zu fahren. Dort wurde dann neben den Rennstrecken gezeltet.

Endlich erwachsen

Mit dem eigenen Auto war man nun endgültig unabhängig, man war erwachsen.
Bald gingen die großartigen Siebzigerjahre zu Ende, und als 1981 Kommissar Schimanski die Stadt Duisburg das erste Mal zum Tatort machte, gründeten einige von uns bereits ihre eigenen Familien. Damit schlossen sich für uns die wohl schönsten und unbeschwertesten Lebensabschnitte. Heute sind wir alle erwachsen, doch ganz ehrlich, wer will schon, angesichts der Erinnerung an die herrliche Zeit der Kindheit und der Jugend, wirklich erwachsen sein?

Was würde die Zukunft bringen?

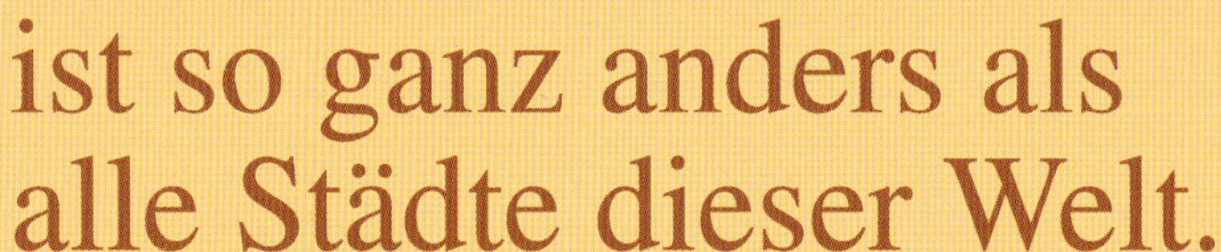

Das persönliche Geschenkbuch für alle, die sich gerne an die Kindheit und Jugend in ihrer Stadt erinnern …

Weißt Du noch? Hier drüben war das alte Kino, und dort die Straßenecke, wo wir heimlich den ersten Kuss tauschten. Wer erinnert sich nicht gern an die vertrauten Orte seiner Kindheit und Jugend – den Bolzplatz am Stadtrand, das alte Schultor oder die verrauchte Kneipe, in der nächtelang diskutiert wurde? Anderen fallen das Quietschen der Straßenbahn ein oder der Duft von frisch gebackenem Blechkuchen … und natürlich die Kindheits- und Jugendgeschichten, die man sich noch heute unter Freunden gern erzählt.

Kurzweilige Texte, ergänzt durch zahlreiche Fotografien der Zeit, wecken Erinnerungen an die ganz alltäglichen Dinge, wie wir sie alle in unserer Stadt erlebten.

Bücher aus dieser Reihe gibt es für Berlin, Bremen, Chemnitz, Dresden, …
… und viele andere Städte & Regionen in Deutschland!

Unsere Bücher erhalten Sie im Buchhan
vor Ort oder direkt bei uns:

Wartberg Verlag GmbH
Im Wiesental 1, 34281 Gudensberg-Gleic
Tel.: 05603/93 05-0, Fax: 05603/93 05-
E-Mail: info@wartberg-verlag.de
Online-Shop: www.**wartberg-verlag**.de